Los ODS en la publicidad española

LOS ANUNCIOS PUBLICITARIOS COMO RECURSO PARA ENSEÑAR LOS OBJETIVOS DE DESARROLLO SOSTENIBLE

MARÍA TERESA PELLICER JORDÁ

Los ODS
en la publicidad
española

LOS ANUNCIOS PUBLICITARIOS
COMO RECURSO PARA ENSEÑAR
LOS OBJETIVOS DE DESARROLLO
SOSTENIBLE

EDICIONES PIRÁMIDE

COLECCIÓN «MEDIOS»

Director:
Miguel Santesmases Mestre
Catedrático de la Universidad de Alcalá

Diseño de cubierta: Anaí Miguel

Ediciones Pirámide se compromete con el medio ambiente reduciendo la huella de carbono de sus libros.

PAPEL DE FIBRA
CERTIFICADA

© María Teresa Pellicer Jordá
© Ediciones Pirámide (Grupo Anaya, S. A.), 2024
Valentín Beato, 21. 28037 Madrid
Teléfono: 91 393 89 89
www.edicionespiramide.es
Depósito legal: M. 2.411-2024
ISBN: 978-84-368-4940-0
Printed in Spain

Índice

BLOQUE I
Los Objetivos de Desarrollo Sostenible
y su presencia en la publicidad

BLOQUE II
Los ODS, nuevos valores publicitarios

Introducción

Los Objetivos de Desarrollo Sostenible, más conocidos como ODS, sur-
gen como un «llamamiento universal a la acción», tal y como lo explica Naciones Unidas en su página web[1]. De este modo, en 2015 todos los Estados
que forman parte de Naciones Unidas aprobaron 17 ODS, dentro de su
Agenda 2030. Esto quiere decir que plantearon un plazo de 15 años para
conseguir avanzar en las temáticas establecidas en esos 17 Objetivos de
Desarrollo Sostenible. Lo cierto es que, aunque queda mucho trabajo por
hacer, ya se están dando pasos desde distintos ámbitos para lograr lo planteado en este ambicioso proyecto.

Este libro responde al Objetivo 17, de conseguir alianzas, en este caso
entre profesiones, para lograr alcanzar las metas planteadas en cada ODS,
ya que la publicidad constituye una herramienta maravillosa en la difusión
de los mensajes. Además, esta publicación supone un apoyo a la creación
del que podría ser el ODS 18, dedicado a la comunicación.

Como decíamos, los ODS se plantean metas muy ambiciosas, a la par que
necesarias, y quizá por eso muchas marcas han hecho suyas las causas sociales y las han convertido en protagonistas de sus campañas publicitarias,
campañas que permiten además generar conexiones significativas con los
consumidores, que reciben de una forma muy positiva este tipo de acciones
sociales. De hecho, son varios los estudios que confirman que las marcas que
defienden y apuestan por valores sociales y movimientos beneficiosos para
la sociedad gozan de una mejor imagen por parte de los consumidores que
aquellas que utilizan otro tipo de estrategias en sus campañas.

---

[1] https://www.un.org/sustainabledevelopment/es/objetivos-de-desarrollo-sostenible/

Esta monografía se divide en dos bloques. En el primero se describen los Objetivos de Desarrollo Sostenible y se muestran campañas publicitarias que han hecho suyas esas causas sociales y transmiten su mensaje de una forma muy fiel e ilustrativa. Esto supone un recurso maravilloso para los docentes, que pueden acercar los ODS a sus estudiantes de una forma muy original, a través de anuncios que de manera magistral y muy acertada tratan estas cuestiones, que son de gran actualidad y relevancia. En el segundo bloque se investiga de qué manera las marcas introducen el argumento social y los valores en sus estrategias de comunicación y campañas publicitarias y lo hace con entrevistas a responsables de las marcas promotoras de los anuncios que conforman la primera parte del libro. Del mismo modo, se profundiza en el que podría ser el ODS 18, dedicado a la comunicación.

Uso del contenido de este libro como recurso didáctico

Si eres docente y quieres enseñar a los estudiantes los Objetivos de Desarrollo Sostenible de una forma original y divertida, los anuncios que te proponemos en este bloque te serán de mucha utilidad.

El material ofrecido en este libro puede ser incluido en asignaturas específicas, como Lengua o Cultura Audiovisual, o bien ser tratado de forma transversal. Con este objetivo, ofrecemos propuestas de actividades para que los docentes puedan ponerlas en práctica en sus aulas y así profundizar más en cada Objetivo de Desarrollo Sostenible.

BLOQUE I

LOS OBJETIVOS DE DESARROLLO SOSTENIBLE Y SU PRESENCIA EN LA PUBLICIDAD

1
Un ODS, una campaña

La unión entre valores y publicidad no es algo nuevo, sino que es una tendencia actual y creciente entre las marcas. De este modo, cada vez es mayor el número de empresas que trabajan con un propósito social, un valor que defender y sobre el cual articulan toda su estrategia comunicativa y publicitaria. Por ello, no debe extrañarnos que la publicidad tenga una relación directa, constante y necesaria con los Objetivos de Desarrollo Sostenible y que estos sean los propósitos sociales elegidos por muchas empresas. De eso mismo trata este libro, como bien decíamos en la introducción, de cómo la publicidad se convierte en el mejor de los escaparates de los ODS y de cómo esta puede tener un papel relevante en la consecución de dichos objetivos.

El resultado de esta fusión entre valores y publicidad ha llegado también a los propios festivales y concursos publicitarios, que incluyen categorías específicas para campañas con propósito social. Es el caso de los Premios Eficacia, que reconocen cada año la «contribución de la comunicación comercial a la consecución de los objetivos empresariales de las empresas anunciantes», como bien explican en su página web. Pues bien, este certamen ha incluido en sus categorías premiadas una titulada «Mejor demostración del propósito social de marca» y otra dedicada a la «Mejor campaña de ONG».

Pero este no es el único caso en este tipo de reconocimientos. Otro ejemplo es el festival «El ojo de Iberoamérica», que incluye la categoría «Sustentable (por el bien común)», cuyo objetivo es reconocer aquellos «trabajos y empresas que, a través de su mensaje o acciones, contribuyan de forma activa, voluntaria y sostenida en el tiempo al mejoramiento social, económico y ambiental de nuestras sociedades y de nuestra casa, la Tierra», como bien apuntan en la página web del propio festival.

Estos ejemplos constatan la conciencia que tiene el sector publicitario con las causas sociales y su intención manifiesta de seguir trabajando en pro de un mundo mejor, en todos los sentidos.

A lo largo de este capítulo os mostraremos más ejemplos, en este caso de campañas publicitarias concretas, que resumen con bastante realismo y eficacia las metas de cada uno de los 17 Objetivos de Desarrollo Sostenible.

ODS 1. Fin de la pobreza y ODS 2. Hambre cero

En este primer capítulo vamos a hablar de los dos primeros Objetivos de Desarrollo Sostenible, titulados «Fin de la pobreza» (ODS 1) y «Hambre cero» (ODS 2), por la gran relación que guardan entre ellos, ya que el hambre en el mundo es una de las consecuencias de la pobreza.

Los datos sobre pobreza en el mundo son realmente alarmantes, a pesar de su descenso en los últimos años. Según los datos que maneja Naciones Unidas, el 10 % de la población mundial vive situaciones de extrema pobreza. Lo más curioso es que muchas de las personas que sufren pobreza tienen trabajo, lo que abre otro debate acerca de las condiciones laborales en muchos lugares del mundo (ODS 5). Estas personas están desprovistas de cualquier ayuda o medida de protección social, que les permita revertir su situación de algún modo. En este sentido, podríamos distinguir entre pobreza y pobreza extrema. Entrarían en la categoría de pobreza aquellas personas a las que se les hace muy difícil realizar todas las comidas diarias y la pobreza extrema correspondería a aquellas personas que no pueden hacer todas las comidas diarias, incluso ninguna en algunas ocasiones. En cualquiera de la dos categorías existirían, además, muchas dificultades para el acceso a la educación, la vivienda, la energía y la sanidad.

Por otro lado, según las estimaciones de Naciones Unidas, cerca de 700 millones de personas en el mundo padecen hambre, casi un 9 % de la población mundial. Esa hambre está causada, entre otros motivos, por los conflictos armados que se viven en muchos países, por las crisis económicas y, por supuesto, por el cambio climático.

En el caso de los niños, la situación es aún más dramática, ya que, según los últimos datos, de los cerca de 45 millones de niños menores de cinco años que sufren hambre, más de un tercio la padece en su forma más grave. Es lo que se denomina emaciación, definido por la RAE como «adelgazamiento morboso», es decir, adelgazamiento patológico. En su forma más grave, estos niños tienen menos de un 10 % de grasa corporal, algo realmente alarmante y con graves riesgos para la salud, y es que las posibilidades de morir de estos niños superan en 11 veces la de niños con una alimentación suficiente.

Derivado de todo lo anterior, Naciones Unidas ha previsto una serie de acciones para cada uno de estos ODS. En relación con el ODS 1, las propuestas se resumen en las dos siguientes:

— Erradicar la pobreza extrema en todo el mundo y, al menos, garantizar el acceso a las necesidades más básicas como el alimento, el agua y la sanidad.
— Poner en marcha medidas de protección social para los más vulnerables, teniendo en cuenta la perspectiva de género.

En relación con el ODS 2, las metas que se plantean se resumirían del siguiente modo:

— Poner fin al hambre y a la malnutrición en el mundo.
— Trabajar en la sostenibilidad de los sistemas de producción de alimentos, así como mejorar la productividad de estos, lo que implica más inversiones y mejoras en infraestructuras.

Tras un análisis publicitario, observamos que las marcas que promueven estas temáticas como argumento central de sus campañas suelen ser ONG, asociaciones, fundaciones e instituciones públicas.

El foco de estos anuncios ha ido cambiando en los últimos años y hemos pasado de *spots* más centrados en la pobreza de otros países a anuncios que nos enseñan la pobreza más cercana, la de nuestros propios vecinos de edificio, la de nuestros conciudadanos. Es así como quieren transmitirnos el mensaje de que la pobreza está a nuestro lado, más cerca de lo que creemos.

En esta línea encontramos algunos anuncios actuales. Uno de ellos sería el de «Save the Children», con el eslogan «Los números que tocan». En él hablan de niños que pasan hambre, que se ven abocados a dificultades en el aprendizaje y fracaso escolar y de niños que pasan frío en sus hogares.

«Acción contra el hambre» es otra de las marcas que trabaja estos temas y los reflejan con la crudeza y realidad correspondiente. A lo largo de sus distintas estrategias publicitarias ha hablado del hambre que sufren miles de personas, de otros países y del nuestro propio, del poder que tenemos todos para cambiar las cosas y de la necesidad de implicarse para acabar con la «dictadura del hambre» de la que hablan en una de sus campañas.

La EAPN-ES (Red Europea de Lucha contra la Pobreza y la Exclusión Social en el Estado Español) también ha lanzado campañas publicitarias que cuentan historias sobre la pobreza más cercana, la de nuestros vecinos; la de personas que no llegan a fin de mes, que no pueden comprar ropa a sus hijos aun cuando esta se les rompe, que les cortan el teléfono, la luz y el agua; de personas que no consiguen trabajo por más que lo buscan. En definitiva, anuncios que nos hablan de personas que están perdiendo la esperanza.

La ONG Educo lanzó hace unos años un *spot* que llegó directamente al corazón de los ciudadanos, el del famoso «pan con pan» y en el que uno se imagina lo que hay dentro, el llamado «bocata mágico». También Unicef habla de la desnutrición infantil de miles de niños que no tienen nada que llevarse a la boca. «Hambre» de Manos Unidas igualmente refleja muy bien la temática tratada en este ODS.

Finalizamos los ejemplos de publicidad responsable de este capítulo con el corto realizado por «Cruz Roja», titulado «Nadie daba un duro», que trata sobre la necesidad de apoyar a las personas con dificultades económicas para que estas puedan cambiar sus vidas y construirse un futuro mejor.

Estos son solo algunos de los muchos ejemplos de publicidad elaborada para concienciar e instar a la acción en torno a las temáticas que se abordan en los Objetivos de Desarrollo Sostenible 1 y 2, cuyas metas son conseguir el fin de la pobreza y el hambre cero.

¿Encuentras relación entre este ODS y algún otro de los establecidos por Naciones Unidas?

Del comentario realizado en este capítulo observamos que el ODS 1 (Fin de la pobreza) y el ODS 2 (Hambre cero) están relacionados con el ODS 3 (Salud y bienestar), el ODS 5 (Trabajo decente y crecimiento económico), el ODS 6 (Agua limpia y saneamiento) y el ODS 17 (Alianzas para lograr los objetivos).

Primera propuesta: ¿podrías explicar la conexión entre estos ODS?

Propuestas de actividades para realizar en el aula

Actividad 1. Visionado de anuncios y debate en clase. Los alumnos deben visionar algún anuncio que el docente considere ilustrativo de los Objetivos de Desarrollo Sostenible 1 y 2, relativos al «Fin de la pobreza» y al «Hambre cero». Podría ser cualquiera de los que hemos puesto como ejemplo en el capítulo u otros que el docente considere oportuno.

Tras ver el anuncio, la segunda parte de la actividad consistiría en la realización de un debate con los estudiantes. Proponemos algunas cuestiones a plantear:

1. ¿Qué papel creéis que puede tener la publicidad en la difusión de los ODS tratados en este capítulo?
2. ¿Recordáis haber visto u oído algún anuncio sobre estas temáticas?
3. ¿Qué medidas pensáis que se podrían llevar a cabo para acabar con la pobreza y el hambre en el mundo?

Actividad 2. Creación de un *spot* publicitario y puesta en marcha de un festival publicitario en el centro docente. Los estudiantes deben realizar un *spot* propio (de vídeo o audio) sobre el ODS 1 y/o el ODS 2. El objetivo del mismo es concienciar a los compañeros o público en general acerca de la situación de pobreza y hambre que padecen muchas personas en el mundo. La duración ideal de un vídeo de este tipo sería de entre dos y tres minutos y se podría grabar con el propio móvil de los estudiantes. El montaje de las imágenes se podría realizar con varios programas gratuitos que existen en la red, incluso con los propios móviles, ya que muchos tienen integrados este tipo de programas. Estos *spots* se podrían visionar en un festival organizado en el centro docente, con el fin de que estudiantes de otros cursos puedan recibir información acerca de los ODS 1 y 2 y tomar conciencia del problema. Sería una actividad muy bonita, que se entroncaría con el ODS 17, que veremos más adelante, y que habla de la necesidad de la alianza entre personas e instituciones para conseguir las metas previstas en cada Objetivo de Desarrollo Sostenible.

Actividad 3. Test sobre estos ODS. A continuación, proponemos un test sobre los ODS 1 y 2 con el fin de que los estudiantes puedan saber su grado de conocimiento e implicación en relación a la situación social que se pretende mejorar con estos Objetivos de Desarrollo Sostenible. Estas preguntas podrán ser modificadas y adaptadas a los distintos niveles educativos, de acuerdo a las necesidades detectadas por los docentes. Os proponemos un modelo de test:

1. ¿Cuántas personas crees que viven actualmente en situación de pobreza?

   a) Entre 100 y 200 millones de personas.
   b) Entre 300 y 500 millones de personas.
   c) Entre 600 y 800 millones de personas.

2. ¿Qué crees que se considera pobreza extrema?

   a) Vivir con menos de un dólar al día.
   b) Vivir con menos de tres dólares al día.
   c) Vivir con menos de cinco dólares al día.

3. ¿Qué porcentaje de la población mundial crees que tiene acceso a los sistemas de protección social (ayudas sociales)?

   a) Entre el 10 y el 15 %.
   b) Entre el 20 y el 30 %.
   c) Entre el 40 y el 50 %.

4. ¿Cuántas personas crees que pasan hambre crónica en el mundo?

   a) Entre 100 y 200 millones.
   b) Entre 300 y 500 millones.
   c) Entre 600 y 800 millones.

5. ¿Conoces la diferencia entre pobreza y pobreza extrema?

   a) Son lo mismo.
   b) La pobreza supone el acceso sin problemas a alimentos y agua, mientras que la pobreza extrema implica la imposibilidad de acceso a estos recursos.
   c) La pobreza implica dificultad para realizar todas las comidas diarias, mientras que en la pobreza extrema no solo no se pueden realizar todas las comidas diarias, sino que en ocasiones no se puede realizar ninguna comida diaria.

6. ¿Sabes lo que es la emaciación?

a) Falta de agua.

b) Adelgazamiento patológico.

c) Ninguna de las opciones anteriores es correcta.

Proponemos que docentes y estudiantes amplíen el número de preguntas de este cuestionario, con el fin de conocer con más profundidad este ODS.

Actividad 4. Elaboración de un plan de acción. Los estudiantes deben realizar un plan de acción para trabajar en pro de este Objetivo de Desarrollo Sostenible. Dicho plan puede incluir, junto a las acciones previstas, un cronograma de trabajo o planificación temporal y un plan de seguimiento y control de las acciones propuestas (en el caso de decidir llevarlas a cabo). A modo de ejemplo, planteamos la siguiente propuesta de plan de acción:

1. Organización de una actividad cada mes de recogida de alimentos en el centro docente para ayudar a las personas más necesitadas.
2. Diseño de un ciclo de conferencias, impartidas por los propios estudiantes, sobre la situación de pobreza y hambre en el mundo, de acuerdo a las distintas noticias que van apareciendo en la web de Naciones Unidas.
3. Realización de un cartel ilustrativo que se pueda colgar en el tablón de anuncios del centro docente, con el fin de concienciar a todas las personas sobre estos problemas.
4. Establecimiento de un acuerdo de colaboración entre el centro docente y distintas ONG que aborden estas cuestiones, con el fin de realizar acciones conjuntas.

ODS 3. Salud y bienestar

El Objetivo de Desarrollo Sostenible número 3 versa sobre la salud y el bienestar, con el fin de promover hábitos de vida saludables entre la población y garantizar, en la medida de lo posible, una mejor salud de los ciudadanos.

En este ODS se abordan problemas de salud que afectan a los ciudadanos como consecuencia de la contaminación en aire, agua y suelo, pero también otros provocados por epidemias como el sida, la tuberculosis, la malaria, las enfermedades tropicales o la hepatitis, entre otras. De igual modo, trata otros problemas de salud derivados del consumo de sustancia adictivas, como drogas y alcohol, así como otros relativos a la salud mental.

Otra de las ideas sobre las que trabaja este Objetivo de Desarrollo Sostenible es la colaboración entre países para ayudar a las zonas con mayores riesgos sanitarios a implantar con mayor rapidez medidas que permitan mejorar la salud de sus habitantes. Al igual que ocurría en los ODS 1 y 2, la alianza entre personas e instituciones (ODS 17) es una de las claves para la consecución de las metas planteadas.

Como datos interesantes resaltamos el hecho de que la mitad de la población mundial no puede acceder a servicios mínimos en el ámbito sanitario, según datos de Naciones Unidas, lo que agrava aún más la situación, ya que la presencia de enfermedades y factores de riesgo implica, de forma necesaria, una atención sanitaria adecuada. Sin esa atención sanitaria es complicado garantizar la salud de la población.

Por estos motivos, Naciones Unidas ha planteado una serie de metas para el año 2030, que resumimos del siguiente modo:

— Reducir la mortalidad materna e infantil.
— Erradicar enfermedades como el sida, la malaria y la tuberculosis.
— Promover la salud mental.
— Reducir las enfermedades y fallecimientos provocados por accidentes de tráfico, consumo de drogas y alcohol, así como por agentes contaminantes.
— Promover la salud reproductiva y su integración en los sistemas sanitarios.
— Lograr una cobertura sanitaria universal y fomentar la investigación sanitaria.

Actualmente, encontramos numerosos anuncios centrados en la promoción de hábitos de vida saludables. De hecho, podríamos decir que es uno de los temas recurrentes en la publicidad actual.

En nuestro análisis publicitario encontramos sectores comerciales que abordan la temática de la salud, en todos sus aspectos, de forma recurrente. Es el caso de marcas de ropa y accesorios deportivos, como Decathlon o Nike, que han realizado diversos anuncios en los que se promueve el cuidado de la salud, tanto física como mental, a través del deporte.

El sector de los seguros sanitarios, con marcas como Asisa, Adeslas o Sanitas, también aborda esta temática como argumento central de sus anuncios.

Pero al margen de esos dos sectores, que por el producto y/o servicio que ofrecen resultan adecuados de cara a la temática del ODS 3, encontramos otras marcas que también utilizan este valor como argumento central de sus campañas. Es el caso de Flex, con su último anuncio titulado «Los tiempos piden Flex», que promueve el descanso como elemento fundamental de cara a sobrevivir en este mundo cargado de obligaciones personales y profesionales. Multiópticas es otra de las marcas que apuesta por la salud, en este caso visual, para concienciar sobre los peligros del uso de pantallas en niños y adultos.

Lo cierto es que, dentro de la temática general de la salud, la salud mental de forma específica está cobrando especial importancia y son cada vez más las marcas que dedican sus anuncios o estrategias publicitarias a esta causa. Es el caso de Amazon, que lanzó una campaña dedicada a sensibilizar sobre los problemas de salud mental en los jóvenes. Con el título de «Micro abierto», se realizó un canal de pódcast sobre esta temática.

Lancôme y su campaña «¿Somos felices?» es otro de los ejemplos de cómo la publicidad puede retratar con tanta verdad un tema que afecta a muchísimas personas, pero es ejemplo también de cómo un anuncio publicitario es capaz de hacernos pensar y reflexionar sobre nuestra propia vida y sobre nuestra propia felicidad.

En materia de prevención de accidentes de tráfico, la Dirección General de Tráfico realiza cada año anuncios magistrales con el único fin de que todos lleguemos sanos y salvos a casa cada día.

En este ODS vemos de nuevo cómo la publicidad es más que un simple anuncio. La publicidad refleja la sociedad y sus problemas, pero no solo eso, sino que nos los muestra con la perspectiva que necesitamos para encontrar las soluciones.

¿Encuentras relación entre este ODS y algún otro de los establecidos por Naciones Unidas?

Del comentario realizado en este capítulo observamos que el ODS 3 (Salud y Bienestar) está relacionado con el ODS 2 (Hambre cero), el ODS 6 (Agua limpia y saneamiento) y el ODS 17 (Alianzas para lograr los objetivos).

Primera propuesta: ¿podrías explicar la conexión entre estos ODS?

Propuestas de actividades para realizar en el aula

Actividad 1. Visionado de anuncios y debate en clase. Los alumnos deben visionar algún anuncio que el docente considere ilustrativo del Objetivo de Desarrollo Sostenible 3, relativo a «Salud y bienestar». Podría ser cualquiera de los que hemos puesto como ejemplo en el capítulo u otros que el docente considere oportuno.

Tras ver el anuncio, la segunda parte de la actividad consiste en la realización de un debate con los estudiantes. Proponemos algunas cuestiones a plantear:

1. ¿Qué papel creéis que puede tener la publicidad en la difusión del ODS tratado en este capítulo?
2. ¿Recordáis haber visto u oído algún anuncio sobre la temática de la salud y el bienestar?
3. ¿Qué hábitos consideráis que podríais cambiar para mejorar vuestra salud y la de vuestro entorno cercano?

Actividad 2. Creación de un ciclo de conferencias sobre salud y bienestar y un canal de pódcast. Los estudiantes, en colaboración con los docentes, podrían organizar un ciclo de conferencias, impartidas por profesionales de la salud de distintos ámbitos (Nutrición, Psicología, Psiquiatría, Educación Física, etc.), con el fin de fomentar hábitos de vida más saludables entre estudiantes y docentes. De dichas conferencias se podría derivar la creación de un canal de pódcast, elaborado por los propios estudiantes de acuerdo a lo explicado en las distintas conferencias impartidas.

Actividad 3. Test sobre este ODS. A continuación, proponemos un test sobre el ODS 3 con el fin de que los estudiantes puedan saber su grado de conocimiento e implicación en relación a la situación social que se pretende mejorar con este Objetivo de Desarrollo Sostenible. Estas preguntas podrán ser modificadas y adaptadas a los distintos niveles educativos, de acuerdo a las necesidades detectadas por los docentes. Os proponemos un modelo de test:

1. ¿Qué problemáticas crees que se tratan en el ODS 3?

   a) Vacunación de los niños.

b) Descenso de la mortalidad infantil.

c) Las dos opciones anteriores son correctas.

2. ¿Crees que, a nivel mundial, todas las personas tienen acceso a cobertura sanitaria?

a) Sí.

b) No.

c) No lo sé.

3. ¿Qué consecuencias piensas que tiene el descenso de la vacunación infantil en el mundo?

a) Ninguna.

b) Tendrán problemas de salud.

4. ¿Sabes qué es una crisis sanitaria?

a) Un momento de dificultad a nivel particular, de una persona en concreto.

b) Una situación grave común que supone un riesgo para muchas personas.

c) Una situación grave inusual, que supone un riesgo sanitario común.

5. ¿Crees que existe una relación directa entre los hábitos de higiene y la propagación de ciertas enfermedades?

a) Sí.

b) No.

6. Junto a los problemas planteados en la primera pregunta del cuestionario, ¿qué otras temáticas crees que se abordan en este ODS?

a) Salud mental.

b) Consumo de drogas y alcohol.

c) Las dos opciones anteriores son correctas.

Proponemos que docentes y estudiantes amplíen el número de preguntas de este cuestionario, con el fin de conocer con más profundidad este ODS.

Actividad 4. Elaboración de un plan de acción. Los estudiantes deben realizar un plan de acción para trabajar en pro de este Objetivo de Desarrollo Sostenible. Dicho plan puede incluir, junto a las acciones previstas, un cronograma de trabajo o planificación temporal y un plan de seguimiento y control de las acciones propuestas (en el caso de decidir llevarlas a cabo). A modo de ejemplo, planteamos la siguiente propuesta de plan de acción:

1. Elaboración de un listado individual por parte de cada estudiante con los hábitos que podría cambiar en su vida para ser más saludable y fijar una planificación temporal para implementar dichos cambios.

2. Establecimiento de redes de colaboración con entidades que ayudan a personas con adicciones al alcohol y/o las drogas, con el fin de concienciar a los estudiantes sobre los peligros que corren con el consumo de dichas sustancias.

3. Organización de un plan de recogida de material sanitario y donarlo a alguna ONG que aborde este tema, con el fin de que este material llegue a los lugares donde más lo necesitan.

4. Diseño de un ciclo dedicado al deporte, con clases impartidas por los propios estudiantes en colaboración con los docentes, con el fin de fomentar la práctica deportiva, como elemento clave de una vida saludable.

ODS 4. Educación de calidad

La educación es la clave para el desarrollo de un país en todas sus vertientes y, de ahí, que se incluya este tema como uno de los Objetivos de Desarrollo Sostenible.

El ODS 4 aborda la educación desde todas sus perspectivas. En primer lugar, hace referencia a una educación de calidad en cuanto a contenidos y formación impartida, pero también en relación a las infraestructuras y entornos físicos en los que reciben dicha educación, lugares que deben ser seguros y adecuados, con el fin de favorecer el desarrollo de todos los estudiantes.

No hay que olvidar que una educación de calidad también implica la igualdad de oportunidades para el acceso a la misma, lo que supone que debe ser gratuita, incluyendo becas para aquellos estudiantes que las necesiten, e igualitaria para todos los ciudadanos (hombres y mujeres, personas con algún tipo de discapacidad o con dificultades en el aprendizaje).

Como decíamos en líneas anteriores, la educación es el motor de cualquier país y, por eso, otra de las metas de este ODS es aumentar el número de docentes cualificados, especialmente en aquellos países en vías de desarrollo, en los cuales la educación puede cambiar el destino del país y de sus habitantes.

A todo esto se suma que la educación, junto a los contenidos teóricos y prácticos necesarios en todo sistema educativo, aborda otras cuestiones matrices en cualquier sociedad, tales como:

— El desarrollo sostenible.
— Los estilos de vida saludables.
— La igualdad de género.
— La inclusión.
— La cultura.
— Los comportamientos basados en la paz y la condena a la violencia, en todas sus formas.
— El respeto a la diversidad sexual, racial, cultural, etc.

A pesar de los avances realizados en esta materia, Naciones Unidas cifra en 1.600 millones el número de niños y adolescentes sin escolarizar, situación agravada por la pandemia de la COVID-19.

Los propósitos planteados en este ODS son muy ambiciosos, a la par que necesarios:

— Lograr la escolarización de todos los niños y niñas del mundo (desde Educación Infantil a Educación Secundaria), la cual debe ser gratuita, cumplir unos estándares de calidad, asegurando la igualdad de género y estando adaptada a las personas con discapacidad. De este modo, es fundamental la no discriminación en el acceso y desarrollo de la educación a ninguna persona.
— Incluir en el ámbito educativo aspectos clave en el desarrollo de las sociedades, tales como la sostenibilidad, la igualdad, la paz y la diversidad cultural, entre otros.
— Aumentar el número de becas, a fin de facilitar el acceso a la enseñanza superior a los habitantes de los países en desarrollo, así como el número de docentes formadores de otros docentes.

Al igual que ocurre con los ODS 1 y 2, el ODS 4, dedicado a la educación de calidad, es trabajado con mayor frecuencia en campañas de organismos públicos o entidades sin ánimo de lucro. La Fundación la Caixa es ejemplo de ello, con campañas potentes en pro de una buena educación que sostenga o atraiga un mejor futuro. En concreto, recomendamos una titulada «El mundo de mañana depende de la educación de hoy», en la que se aborda de una forma muy completa la necesidad de educar a nuestros niños, respetando sus diversas personalidades y formas de ser, para convertirlos en adultos responsables, seguros de sí mismos, felices y, sobre todo, garantes de su propio futuro.

Unicef es otra de las entidades que ha dedicado algunas de sus campañas a poner en valor la educación como solución a muchos problemas sociales. En este sentido nos gustaría destacar una titulada «Una lucha por educación como nunca habías visto».

Seguro que encuentras otros muchos ejemplos de campañas que hablan de la importancia de la educación como motor del desarrollo global e individual, pero tan importante es la educación como la calidad de esta, ya que de ella depende acabar con muchas lacras sociales, como la discriminación, el racismo o la violencia, entre otras.

No queremos acabar este capítulo sin hablar del *bullying* y de las marcas que trabajan para acabar con el acoso escolar en las aulas. Mutua Madrileña y su anuncio titulado «Activa tu poder para evitar el acoso escolar» o Cola Cao y su campaña «Educando contra el *bullying*» son ejemplos de marcas que trabajan en la consecución del fin de este problema social, presente en nuestras aulas y que afecta a la consecución de esa educación de calidad, ya que muchos niños que son víctimas de acoso escolar ven mermados sus resultados educativos y el aprovechamiento de la educación que reciben debido al sufrimiento que este problema les produce cada día. Aprovechamos estas páginas para poner nuestro granito de arena en la erradicación del acoso escolar.

¿Encuentras relación entre este ODS y algún otro de los establecidos por Naciones Unidas?

Del comentario realizado en este capítulo observamos que el ODS 4 (Educación de calidad) está relacionado con el ODS 5 (Igualdad de género), el ODS 8 (Trabajo decente y crecimiento económico), el ODS 9 (Industria, innovación e infraestructura), el ODS 10 (Reducción de desigualdades) y el ODS 17 (Alianzas para lograr los objetivos).

Primera propuesta: ¿podrías explicar la conexión entre estos ODS?

Propuestas de actividades para realizar en el aula

Actividad 1. Visionado de anuncios y debate en clase. Los alumnos deben visionar algún anuncio que el docente considere ilustrativo del Objetivo de Desarrollo Sostenible 4, relativo a la «Educación de calidad». Podría ser cualquiera de los que hemos puesto como ejemplo en el capítulo u otros que el docente considere oportuno.

Tras ver el anuncio, la segunda parte de la actividad sería la realización de un debate con los estudiantes. Proponemos algunas cuestiones a plantear:

1. ¿Qué papel creéis que puede tener la publicidad en la difusión del ODS tratado en este capítulo?
2. ¿Recordáis haber visto u oído algún anuncio sobre la temática de la educación de calidad?
3. ¿Cómo consideráis que se podría mejorar la educación que recibís?

Actividad 2. Creación de un ciclo de conferencias sobre educación y puesta en marcha de un canal de pódcast. Los estudiantes, en colaboración con los docentes y con algunas ONG, podrían organizar un ciclo de conferencias, impartidas por miembros de dichas ONG, para hablar de desarrollo sostenible, igualdad de género, comportamientos sociales basados en la paz y resolución de conflictos, así como respeto a la diversidad sexual, racial y cultural. De dichas conferencias se podría derivar un canal de pódcast, elaborados por los propios estudiantes de acuerdo a lo explicado en las distintas conferencias impartidas.

Actividad 3. Test sobre este ODS. A continuación, proponemos un test sobre el ODS 4 con el fin de que los estudiantes puedan saber su grado de conocimiento e implicación en relación a la situación social que se pretende mejorar en este Objetivo de Desarrollo Sostenible. Estas preguntas podrán ser modificadas y adaptadas a los distintos niveles educativos, de acuerdo a las necesidades detectadas por los docentes. Os proponemos un modelo de test:

1. ¿Qué cuestiones crees necesarias para conseguir una educación de calidad?

    a) Infraestructuras adecuadas.

b) Competencias digitales.

c) Las dos opciones anteriores son correctas.

2. ¿Dónde se concentra cerca del 30 % de los niños sin escolarizar en el mundo?

a) África subsahariana.

b) España.

c) Las dos opciones anteriores son correctas.

3. ¿Por qué crees que es importante favorecer una política de becas a estudiantes?

a) Porque fomenta la igualdad de oportunidades.

b) Porque ahorra dinero a las familias.

c) Ninguna de las opciones anteriores es correcta.

4. ¿Por qué consideras necesario aumentar el número de docentes cualificados en los países en vías de desarrollo?

a) Porque una sociedad formada tiene más posibilidades de crecimiento y sostenibilidad económica.

b) Porque para que un país puede ofrecer educación de calidad necesita docentes formados.

c) Las dos opciones anteriores son correctas.

5. ¿Qué es para ti una educación inclusiva?

a) Aquella que ofrece las mismas oportunidades a todas las personas.

b) Aquella que ofrece los recursos necesarios a los estudiantes, de acuerdo a las necesidades que presentan los mismos.

c) Las dos opciones anteriores son correctas.

6. ¿Qué papel consideras que tiene la educación en la sociedad?

a) Es un elemento clave en el desarrollo de las personas.

b) Es un elemento clave en el desarrollo del país.

c) Las dos opciones anteriores son correctas.

Proponemos que docentes y estudiantes amplíen el número de preguntas de este cuestionario, con el fin de conocer con más profundidad este ODS.

Actividad 4. Elaboración de un plan de acción. Los estudiantes deben realizar un plan de acción para trabajar en pro de este Objetivo de Desarrollo Sostenible. Dicho plan puede incluir, junto a las acciones previstas, un cronograma de trabajo o planificación temporal y un plan de seguimiento y control de las acciones propuestas (en el caso de decidir llevarlas a cabo). A modo de ejemplo, planteamos la siguiente propuesta de plan de acción:

1. Realización de un listado individual por parte de cada estudiante con aquellos temas sobre los que le gustaría recibir formación, como por ejemplo gestión de emociones, gestión de conflictos, etc.
2. Creación de un canal de pódcast de refuerzo académico por parte de estudiantes de cursos superiores, dirigidos a estudiantes de cursos inferiores, sobre aquellas materias que puedan presentar mayor dificultad o en las que haya un mayor interés.
3. Establecimiento de redes de colaboración con ONG para que grupos de estudiantes del centro educativo puedan ayudar en las tareas escolares a niños que así lo necesiten.
4. Creación de redes de apoyo en el propio centro educativo, con estudiantes y docentes que ayuden a alumnos que presenten alguna dificultad en el aprendizaje.

ODS 5. Igualdad de género

La igualdad de género es uno de los grandes retos a los que se enfrentan las sociedades actuales y lo es porque todavía sigue existiendo discriminación hacia la mujer en diversos ámbitos y por el aumento de la violencia machista. En la actualidad siguen existiendo países donde las niñas son obligadas a casarse con hombres adultos, donde las mujeres no pueden desarrollar una vida profesional —o si lo hacen, recibiendo menos salario que los hombres— y donde las mujeres son agredidas física y psicológicamente por los hombres.

La situación es preocupante y requiere medidas urgentes. Por eso este Objetivo de Desarrollo Sostenible aborda las siguientes cuestiones:

— La existencia de leyes que discriminan a las mujeres.
— La infrarrepresentación de las mujeres tanto en puestos de liderazgo como en puestos de representación en las instituciones públicas.

— El acceso igualitario a los recursos económicos, ya que en muchos países esta no es una opción para las mujeres.
— La salud sexual y reproductiva como derecho de todas las mujeres.
— La responsabilidad compartida en el hogar y en las tareas domésticas, así como el reconocimiento de las mismas y de las labores de cuidado que realizan tantas mujeres en el mundo.
— La brecha salarial, por la cual mujeres que realizan las mismas tareas que los hombres cobran menor salario solo por el hecho de ser mujeres.

En este sentido, podemos resumir los objetivos planteados en el ODS 5 en los dos siguientes:

— Erradicar la discriminación contra mujeres y niñas, en todas sus formas, ya sean sociales, económicas, familiares, etc., y asegurar la igualdad real entre hombres y mujeres.
— Acabar con la violencia sobre las mujeres, los matrimonios infantiles y las mutilaciones a las que muchas mujeres son sometidas.

En materia publicitaria, cada año crece el número de marcas que apuestan en sus anuncios por la igualdad de género. Como campañas a destacar encontramos una realizada por la marca L'Oréal contra el acoso sexual que todavía muchas mujeres sufren en las calles. Esta campaña publicitaria se incluye en un proyecto más amplio, realizado en colaboración con la ONG Right to be, que incluye un programa de formación para construir espacios seguros e inclusivos para todos. Marcas deportivas, como Nike o Adidas, o marcas de juguetes como Mattel también han realizado campañas con la igualdad y el fin del sexismo como tema protagonista.

Otra marca que ha apostado firmemente por la igualdad es Axa, con su «Victoria 285», que habla de todo lo que se ha conseguido hacer en materia de igualdad en España hasta la fecha y de todo lo que falta por hacer para conseguir esa igualdad real que toda sociedad necesita.

Cabe destacar un anuncio realizado por FAD Juventud que promueve la igualdad, pero dirigiéndose en esta ocasión a los hombres como motor del cambio. Con el eslogan «Seamos más hombres», se insta a ser hombres que muestren sus emociones, que sumen, que respeten y defiendan ese respeto, hombres que trabajen por la igualdad de una forma activa.

El Ministerio de Igualdad del Gobierno de España ha puesto en marcha también campañas con esta temática, destacando la que se titula «La masculinidad del mañana» y que aboga por romper con los estereotipos sexistas en los juguetes de los niños, en pro de una sociedad respetuosa e igualitaria entre géneros.

¿Encuentras relación entre este ODS y algún otro de los establecidos por Naciones Unidas?
Del comentario realizado en este capítulo observamos que el ODS 5 (Igualdad de género) está relacionado con el ODS 8 (Trabajo decente y crecimiento económico), el ODS 10 (Reducción de desigualdades), el ODS 16 (Paz, justicia e instituciones sólidas) y el ODS 17 (Alianzas para lograr los objetivos).

Primera propuesta: ¿podrías explicar la conexión entre estos ODS?

Propuestas de actividades para realizar en el aula

Actividad 1. Visionado de anuncios y debate en clase. Los alumnos deben visionar algún anuncio que el docente considere ilustrativo del Objetivo de Desarrollo Sostenible 5, relativo a la «Igualdad de género». Podría ser cualquiera de los que hemos puesto como ejemplo en el capítulo u otros que el docente considere oportunos.

Tras ver el anuncio, la segunda parte de la actividad consistiría en la realización de un debate con los estudiantes. Proponemos algunas cuestiones a plantear:

1. ¿Qué papel creéis que puede tener la publicidad en la difusión del ODS tratado en este capítulo?
2. ¿Recordáis haber visto u oído algún anuncio sobre la temática de la igualdad de género?
3. ¿Qué acciones creéis que se podrían llevar a cabo para fomentar la igualdad entre hombres y mujeres?

Actividad 2. Creación de un *spot* sobre este ODS. Los estudiantes deben realizar un *spot* audiovisual sobre la igualdad de género, con el objetivo de concienciar sobre la necesidad de la igualdad real y efectiva entre hombres y mujeres. La duración ideal de un vídeo de este tipo sería entre dos y tres minutos y se podría grabar con el propio móvil de los estudiantes. El montaje de las imágenes se podría realizar con varios programas gratuitos que existen en la red, incluso con los propios móviles, ya que muchos tienen integrados este tipo de programas. Estos *spots* se podrían visionar en un concurso organizado en el centro docente, con el fin de que estudiantes de otros cursos puedan recibir información acerca del ODS 5 y motivar a los alumnos participantes a dar lo mejor de sí en la creación del anuncio.

Actividad 3. Test sobre este ODS. A continuación, proponemos un test sobre el ODS 5 con el fin de que los estudiantes puedan saber su grado de conocimiento e implicación en relación a la situación social que se pretende mejorar con este Objetivo de Desarrollo Sostenible. Estas preguntas podrán ser modificadas y adaptadas a los distintos niveles educativos, de acuerdo a las necesidades detectadas por los docentes. Os proponemos un modelo de test:

1. ¿Qué prácticas consideras discriminatorias para las mujeres?

    a) El matrimonio infantil.

    b) Salarios más bajos, aun realizando las mismas tareas que los hombres.

    c) Las dos opciones anteriores son correctas.

2. A nivel mundial, ¿cuál de estas afirmaciones es incorrecta?

    a) Casi la mitad de las mujeres casadas no tienen poder de decidir acerca de su salud y sus derechos sexuales y reproductivos.

    b) La violencia contra las mujeres sigue siendo un importante problema mundial.

    c) Las dos afirmaciones son correctas.

3. Al ritmo actual, ¿en cuántos años estima Naciones Unidas que se conseguirá acabar con el matrimonio infantil?

    a) 200 años.

    b) 300 años.

    c) 250 años.

4. Al ritmo actual, ¿en cuántos años estima Naciones Unidas que se conseguirá acabar con las leyes discriminatorias hacia las mujeres?

    a) 50 años.

b) 140 años.

c) 200 años.

5. ¿Sabes qué es la brecha salarial?

a) Cuando las mujeres ganan menos salario que los hombres, realizando las mismas tareas.

b) Cuando mujeres y hombres ganan el mismo salario.

6. ¿Crees que hombres y mujeres están representados de forma paritaria en los cargos de representación de las instituciones públicas?

a) Sí.

b) No.

Proponemos que docentes y estudiantes amplíen el número de preguntas de este cuestionario, con el fin de conocer con más profundidad este ODS.

Actividad 4. Elaboración de un plan de acción. Los estudiantes deben realizar un plan de acción para trabajar en pro de este Objetivo de Desarrollo Sostenible. Dicho plan puede incluir, junto a las acciones previstas, un cronograma de trabajo o planificación temporal y un plan de seguimiento y control de las acciones propuestas (en el caso de decidir llevarlas a cabo). A modo de ejemplo, planteamos la siguiente propuesta de plan de acción:

1. Realización de un listado conjunto de acciones por parte de los estudiantes que podrían aplicar en sus vidas cotidianas y en el centro docente en pro de la igualdad de género.

2. Organización de un ciclo de charlas, realizadas por los propios estudiantes, tratando el tema de la igualdad de género desde distintas perspectivas. Así conseguirán conocer con más detalle esta problemática.

3. Derivado de la acción anterior, creación de un canal de pódcast con las conferencias impartidas por los estudiantes, el cual se podrá difundir en las redes sociales del centro educativo.

4. Establecimiento de redes de colaboración con organismos que traten la igualdad de género y organizar actividades conjuntas.

ODS 6. Agua limpia y saneamiento

El acceso al agua potable es otro de los Objetivos de Desarrollo Sostenible y es así porque son muchas las personas que, hoy en día, no tienen acceso directo a agua potable y eso supone un grave riesgo para la salud. En primer lugar, no tener acceso al agua potable implica una hidratación deficiente de las personas, con el peligro que esto supone para su vida. Por otra parte, el lavado de manos y la higiene son fundamentales para prevenir muchas enfermedades.

En este ODS también se aborda el tema de la necesidad de trabajar en un uso eficiente del agua, promoviendo la investigación, la innovación y el desarrollo tecnológico en este sentido. La colaboración entre países e instituciones es fundamental para conseguir avances tecnológicos innovadores y respetuosos con el planeta, que mejoren o solucionen los problemas en el acceso a agua potable en el mundo.

Otra cuestión a tener en cuenta en este Objetivo de Desarrollo Sostenible es la contaminación del agua existente en muchos países, lo que provoca grandes problemas de abastecimiento a la población y multitud de enfermedades, al no ser este agua apta para el consumo humano.

Otra de las cuestiones en las que se está trabajando es la relativa al cuidado del medioambiente, el calentamiento global y los efectos que tiene a nivel de recursos hídricos y es que el aumento de temperaturas se traduce en mayor escasez de agua o, lo que es lo mismo, estrés hídrico. A esto se suma la necesidad de cuidar nuestros ecosistemas marítimos, tales como ríos, lagos, acuíferos y mares. Observamos de este modo la implicación entre varios Objetivos de Desarrollo Sostenibles en la consecución de este ODS, dedicado al «Agua limpia y saneamiento» y que todos los ODS se correlacionan con los demás, de modo que no son temas independientes, sino codependientes los unos de los otros.

Lo cierto es que todo lo explicado en líneas anteriores pasa por una idea matriz y fundamental: el coste económico que debe tener para los ciudadanos el acceso al agua potable. Si queremos que el agua sea un recurso de acceso universal e igualitario, no solo debemos garantizar su salubridad y eficiencia en el uso, sino también hacer posible que los habitantes del planeta, en sus distintos puntos, puedan afrontar el gasto económico que esta supone. En este sentido, la puesta en marcha de políticas públicas que ayuden a los ciudadanos a pagar menos por el agua son fundamentales, al ser este un servicio de primera necesidad.

De acuerdo con todo lo explicado hasta el momento, Naciones Unidas ha establecido una serie de metas a alcanzar, las cuales podemos resumir en las tres siguientes:

— Conseguir que la población mundial tenga acceso a agua potable, a un precio razonable y justo.
— Mejorar el aprovechamiento de los recursos hídricos.
— Reducir la contaminación del agua y proteger sus ecosistemas.

En nuestro estudio de la aparición de la temática de este ODS en la publicidad española observamos que es una cuestión poco tratada en la publicidad actual. Suelen ser ONG u organismos públicos los que realicen campañas de este tipo, pero que suelen estar integradas en otras que tratan los temas del ODS 1 (Fin de la pobreza) y el ODS 2 (Hambre cero), aunque también hemos visto casos de marcas de agua que, por el propio producto que venden, sí hablan de estas cuestiones y de la importancia de un agua saludable como fuente de vida. Es el caso, por ejemplo, de dos marcas de agua embotellada, Bezoya y Agua de Ribas, que hablan en sus anuncios de la importancia que tiene el agua en la vida de las personas, tanto a nivel fisiológico, como medioambiental.

¿Encuentras relación entre este ODS y algún otro de los establecidos por Naciones Unidas?

Del comentario realizado en este capítulo observamos que el ODS 6 (Agua limpia y saneamiento) está relacionado con el ODS 3 (Salud y bienestar), el ODS 9 (Industria, innovación e infraestructura), el ODS 13 (Acción por el clima), el ODS 15 (Vida de ecosistemas terrestres) y el ODS 17 (Alianzas para lograr los objetivos).

Primera propuesta: ¿podrías explicar la conexión entre estos ODS?

Propuestas de actividades para realizar en el aula

Actividad 1. Visionado de anuncios y debate en clase. Los alumnos deben visionar algún anuncio que el docente considere ilustrativo del Objetivo de Desarrollo Sostenible 6, relativo a «Agua limpia y saneamiento». Podría ser cualquiera de los que hemos puesto como ejemplo en el capítulo u otros que el docente considere oportuno.

Tras ver el anuncio, la segunda parte de la actividad sería la realización de un debate con los estudiantes. Proponemos algunas cuestiones a plantear:

1. ¿Qué papel creéis que puede tener la publicidad en la difusión del ODS tratado en este capítulo?
2. ¿Recordáis haber visto u oído algún anuncio sobre la temática de «agua limpia y saneamiento»?
3. ¿Qué acciones creéis que podrían mejorar la eficiencia en el uso del agua en nuestro día a día?

Actividad 2. Creación de una exposición de carteles. Los estudiantes deben reunirse por grupos y realizar cada uno un cartel sobre este ODS. Lo ideal es que el docente, según lo visto en este capítulo, distribuya el aspecto que debe tratar cada uno de los carteles, con el fin de poder abordar la temática de una forma más completa. Estos carteles formarían parte de una exposición, que se mostraría en el propio centro educativo e incluso, si se establece algún acuerdo con el ayuntamiento correspondiente, en otro tipo de salas. El objetivo es difundir de la forma más global posible este Objetivo de Desarrollo Sostenible.

Actividad 3. Test sobre este ODS. A continuación, proponemos un test sobre el ODS 6 con el fin de que los estudiantes puedan saber su grado de conocimiento e implicación en relación a la situación social que se pretende mejorar con este Objetivo de Desarrollo Sostenible. Estas preguntas podrán ser modificadas y adaptadas a los distintos niveles educativos, de acuerdo a las necesidades detectadas por los docentes. Os proponemos un modelo de test:

1. ¿Cuáles son los grandes problemas en relación con este ODS?

   a) Miles de millones de personas continúan sin acceso a agua potable segura.
   b) La escasez de agua sigue siendo un problema matriz en muchos países.
   c) Las dos opciones anteriores son correctas.

2. ¿Qué zonas del mundo crees que sufren más estrés hídrico?

   a) Asia central y meridional.

b) África septentrional.

c) Las dos afirmaciones son correctas.

3. ¿Cuáles de las opciones serían soluciones para mejorar la situación de la escasez de agua?

   a) La colaboración entre países en pro de este objetivo.

   b) La correcta gestión del agua y el uso eficiente de la misma.

   c) Las dos afirmaciones anteriores son correctas.

4. ¿Qué porcentaje de agua de la Tierra es dulce?

   a) 0,5 %.

   b) 1 %.

   c) 2 %.

5. ¿Consideras que el calentamiento global afecta a los recursos hídricos?

   a) Sí.

   b) No.

6. En muchos países la contaminación del agua es uno de los grandes problemas a los que se enfrentan.

   a) Sí.

   b) No.

Proponemos que docentes y estudiantes amplíen el número de preguntas de este cuestionario, con el fin de conocer con más profundidad este ODS.

Actividad 4. Elaboración de un plan de acción. Los estudiantes deben realizar un plan de acción para trabajar en pro de este Objetivo de Desarrollo Sostenible. Dicho plan puede incluir, junto a las acciones previstas, un cronograma de trabajo o planificación temporal y un plan de seguimiento y control de las acciones propuestas (en el caso de decidir llevarlas a cabo). A modo de ejemplo, planteamos la siguiente propuesta de plan de acción:

1. Realización de un listado conjunto de acciones por parte de los estudiantes que se podrían aplicar en sus vidas cotidianas y en el centro docente para conseguir un uso más eficiente del agua.

2. Organización de un ciclo de charlas, realizadas por los propios estudiantes, tratando el tema de la gestión eficiente del agua y destinadas a estudiantes de cursos inferiores. El objetivo es concienciar acerca de la necesidad de usar de manera correcta nuestros recursos hídricos.

3. Realización de carteles informativos con consejos sobre cómo usar correctamente el agua, los cuales se colocarían en el centro educativo.

4. Puesta en marcha de un concurso en el centro educativo, con preguntas sobre el uso eficiente del agua. Los ganadores podrían recibir algún tipo de galardón o medalla.

ODS 7. Energía asequible y no contaminante

El Objetivo de Desarrollo Sostenible número 7 trabaja en la consecución de una energía segura, asequible, sostenible y moderna, sobre todo si tenemos en cuenta que los requerimientos energéticos de las sociedades actuales son cada vez mayores. La escasez de recursos energéticos y nuestra dependencia de los combustibles fósiles presentan una situación en la que es imprescindible trabajar.

Es cierto que la energía es cada vez más sostenible, pero todavía queda mucho por hacer, ya que hay muchos países sin acceso a la energía eléctrica. Trabajar este Objetivo de Desarrollo Sostenible implica abordar la cuestión desde varias perspectivas. Es crucial el papel que juegan la innovación y el desarrollo tecnológico, ya que desde la investigación y el trabajo conjunto con instituciones y empresas es de donde parten los avances que se persiguen en este ODS.

Este adelanto tecnológico debe ir acompañado, al igual que ocurre en el ODS 6 (Agua y saneamiento), de ayudas a los ciudadanos para que puedan hacer frente a los costes que esa energía tiene en sus hogares y negocios. Si no se aporta esa ayuda y el precio de la energía es demasiado alto, no se podrá conseguir la accesibilidad universal que se persigue en este ODS.

Por tanto, podemos decir que los adelantos tecnológicos deben ir unidos a políticas públicas que permitan un uso eficiente de la energía y la utilización de esta en los hogares. Solo así se podrá garantizar la accesibilidad universal e igualitaria para todos los ciudadanos.

Teniendo en cuenta la distintas perspectivas que hemos abordado en este capítulo, Naciones Unidas plantea varios hitos dentro de este objetivo, que resumimos del siguiente modo:

— Garantizar el acceso universal a una energía segura, asequible y limpia.
— Aumentar la cantidad de energía procedente de fuentes renovables y mejorar la eficiencia energética.
— Fomentar la investigación en relación a las energías limpias.

Como venimos haciendo hasta ahora, el análisis de los retos planteados en cada ODS y la radiografía de la situación actual en dichas materias es seguido de un análisis publicitario, en el que se identifican campañas que abordan alguno de los temas tratados en este capítulo. Tras realizar un rastreo exhaustivo, hemos encontrado varias campañas que tratan estas cuestiones de una forma muy explícita, procedentes la mayoría de ellas de empresas energéticas, que ponen en valor sus esfuerzos en pro de una energía más limpia y que animan al ciudadano a sumarse a este objetivo. Repsol («Esto es conectar energías»), Iberdrola («Bienvenido 2023, el año de las energías renovables») y Edp Energía («Unidos por un mundo maravilloso») son tres de las marcas que ponen el foco en la importancia de la energía en las sociedades actuales, pero también en la relevancia de que esta sea respetuosa con el medioambiente.

Del mismo modo, hemos encontrado otros anuncios que también tratan esta temática, como Acciona y su «Nueva energía para un planeta mejor» o Naciones Unidas y su *spot* titulado «Energía sostenible para todos». También nos gustaría destacar una campaña puesta en marcha por el Ministerio de Derechos Sociales y Agenda 2030 del Gobierno de España, titulada «Basta de distopías. Volvamos a imaginar un futuro mejor», en la que se habla de nuestro papel en el cambio de la tendencia actual del mundo, de nuestra capacidad para aportar y tomar pequeñas decisiones que ayuden a conseguir un mundo mejor, una de ellas una mirada más optimista. Aunque este último *spot* trata la temática del cuidado del planeta de forma global, incluye de igual modo la energía e incluso buena parte de los ODS que hemos visto hasta ahora.

¿Encuentras relación entre este ODS y algún otro de los establecidos por Naciones Unidas?

Del comentario realizado en este capítulo observamos que el ODS 7 (Energía asequible y no contaminante) está relacionado con el ODS 9 (Industria, innovación e infraestructura), el ODS 10 (Reducción de desigualdades), el ODS 11 (Ciudades y comunidades sostenibles), el ODS 16 (Paz, justicia e instituciones sólidas) y el ODS 17 (Alianzas para lograr los objetivos).

Primera propuesta: ¿podrías explicar la conexión entre estos ODS?

Propuestas de actividades para realizar en el aula

Actividad 1. Visionado de anuncios y debate en clase. Los alumnos deben visionar algún anuncio que el docente considere ilustrativo del Objetivo de Desarrollo Sostenible 7, relativo a «Energía asequible y no contaminante». Podría ser cualquiera de los que hemos puesto como ejemplo en el capítulo u otros que el docente considere oportuno.

Tras ver el anuncio, la segunda parte de la actividad sería la realización de un debate con los estudiantes. Proponemos algunas cuestiones a plantear:

1. ¿Qué papel creéis que puede tener la publicidad en la difusión del ODS tratado en este capítulo?
2. ¿Recordáis haber visto u oído algún anuncio sobre la temática de la energía limpia y no contaminante?
3. ¿Cómo creéis que podéis contribuir a un uso más eficiente de la energía?

Actividad 2. Creación de una exposición de carteles. Los estudiantes deben reunirse por grupos y realizar cada uno un cartel con consejos para conseguir un uso más eficiente de la energía. Lo ideal es que el docente, según lo visto en este capítulo, distribuya el aspecto que debe tratar cada uno de los carteles, con el fin de poder abordar la temática de una forma más completa. Estos carteles se podrían colgar en el centro educativo, con el fin de concienciar a todos los estudiantes del centro.

Actividad 3. Test sobre este ODS. A continuación, proponemos un test sobre el ODS 7 con el fin de que los estudiantes puedan saber su grado de conocimiento e implicación en relación a la situación social que se pretende mejorar con este Objetivo de Desarrollo Sostenible. Estas preguntas podrán ser modificadas y adaptadas a los distintos niveles educativos, de acuerdo a las necesidades detectadas por los docentes. Os proponemos un modelo de test:

1. ¿Sabes qué porcentaje de la energía que consumimos proviene de fuentes renovables?

   a) Un 50 %.
   b) Un 40 %.
   c) Un 30 %.

2. ¿Sabes qué porcentaje de la población no tiene acceso a la energía eléctrica?

   a) Un 5 %.
   b) Un 7 %.
   c) Un 9 %.

3. Una de cada 10 personas en el mundo no tiene acceso a la energía eléctrica. ¿Verdadero o falso?

   a) Verdadero.
   b) Falso.

4. La cooperación entre países es fundamental para conseguir las metas de este ODS. ¿Verdadero o falso?

   a) Verdadero.
   b) Falso.

5. Señala la opción correcta:

   a) El desarrollo tecnológico es crucial para conseguir una energía limpia y no contaminante.
   b) El fundamental que la energía tenga precios asequibles para los ciudadanos.
   c) Las dos opciones anteriores son correctas.

6. Señala la opción correcta:

   a) Todavía hay muchos países sin acceso a energía eléctrica.
   b) Queda mucho por hacer en materia de energía sostenible.
   c) Las dos opciones anteriores son correctas.

Proponemos que docentes y estudiantes amplíen el número de preguntas de este cuestionario, con el fin de conocer con más profundidad este ODS.

Actividad 4. Elaboración de un plan de acción. Los estudiantes deben realizar un plan de acción para trabajar en pro de este Objetivo de Desarrollo Sostenible. Dicho plan puede incluir, junto a las acciones previstas, un cronograma de trabajo o planificación temporal y un plan de seguimiento y control de las acciones propuestas (en el caso de decidir llevarlas a cabo). A modo de ejemplo, planteamos la siguiente propuesta de plan de acción:

1. Realización de un listado conjunto de acciones por parte de los estudiantes que podrían aplicar en sus vidas cotidianas y en el centro docente para conseguir un uso más eficiente de la energía.
2. Organización de un ciclo de charlas, realizadas por los propios estudiantes, tratando el tema de la gestión eficiente de la energía y destinadas a estudiantes de cursos inferiores. El objetivo es concienciar acerca de la necesidad de usar de manera correcta nuestros recursos energéticos.
3. Realización de carteles informativos con consejos sobre cómo usar correctamente la energía, los cuales se colocarían en el centro educativo.
4. Puesta en marcha de un concurso en el centro educativo, con preguntas sobre el uso eficiente de la energía. Los ganadores podrían recibir algún tipo de galardón o medalla.

ODS 8. Trabajo decente y crecimiento económico

Las condiciones laborales y el acceso al mercado de trabajo son temas que están siempre de actualidad y de ahí este Objetivo de Desarrollo Sostenible, ya que el trabajo y la economía forman un tándem que afecta al resto de parcelas de la vida del ciudadano. De este modo, observamos cómo el crecimiento económico tiene una relación directa con el empleo y el bienestar social, de lo que se deriva la importancia y repercusión que ostenta este ODS en todas las sociedades.

Abordar esta temática, al igual que ocurre con otros Objetivos de Desarrollo Sostenible, supone estudiarlo desde distintas perspectivas, las cuales nos muestran ámbitos en los que trabajar y acciones que realizar. Por un lado, es crucial poner en valor la innovación y el desarrollo tecnológico al servicio de la productividad económica, pero también es imprescindible poner en marcha políticas públicas que ayuden financiera y jurídicamente al sector empresarial, que es el motor del empleo en cualquier país.

Otra vertiente a trabajar tiene que ver con la sostenibilidad, por lo que es importante trabajar en pro de una producción y consumo responsables, que sean respetuosos con el medioambiente.

La igualdad de oportunidades en el mercado laboral es otro de los aspectos a tener en cuenta en este Objetivo de Desarrollo Sostenible. Es necesario fomentar, con políticas y campañas de concienciación, el acceso igualitario de hombres y mujeres al mercado laboral, al igual que lo es establecer medidas que favorezcan la inserción de colectivos o sectores de la población que pueden presentar más dificultades en este sentido, tales como jóvenes o personas con discapacidad.

De igual modo, es fundamental proteger los derechos de los trabajadores, asegurar su respeto y garantizar condiciones laborales justas y dignas para todos. Hay que acabar con el trabajo infantil, que todavía persiste en muchos países, y con los trabajos forzosos (definidos por Naciones Unidas como la forma actual de esclavitud), con una legislación adecuada y una supervisión acerca de las medidas que esta propone.

Derivado de lo expuesto con anterioridad, las metas planteadas para este objetivo se resumen del siguiente modo:

— Mantener el crecimiento económico per cápita y mejorar la productividad.
— Promover políticas que favorezcan la creación de puestos de trabajo de calidad.
— Poner fin a las situaciones abusivas en el mercado laboral y favorecer la integración laboral de todos los colectivos, sin discriminaciones de ningún tipo.

Como ejemplos publicitarios, destacamos en primer lugar a la marca Bankinter, que ha realizado varias campañas que hablan de la importancia de la economía como parte del progreso de las sociedades y de las personas, pero también de la importancia de las personas para el desarrollo económico de las sociedades. De este modo, campañas de la marca como «Una historia de progreso», «Volverán esos momentos» o «El banco que ve tu dinero como tú lo ves» tratan el progreso económico y social desde un punto de vista humano, algo imprescindible en los tiempos de corren.

Otras marcas que nos gustaría destacar en este apartado serían Adecco y su campaña «Reencontrémonos con el trabajo» o el BBVA y su anuncio «Hoy comienza todo».

Así, observamos cómo este ODS suele ser tratado con mayor frecuencia por entidades financieras y empresas de recursos humanos.

El nexo común de todas las campañas de las que hemos hablado en este ODS es la importancia de las personas, como seres humanos. Esta humanidad, valga la redundancia, es algo relativamente novedoso en la publicidad sobre esta temática, que hasta hace unos años se centraba únicamente en cuestiones objetivas. Ahora, con campañas como las expuestas observamos que las empresas ven la economía y el mundo laboral desde un punto de vista más social, desde la perspectiva del ciudadano.

¿Encuentras relación entre este ODS y algún otro de los establecidos por Naciones Unidas?

Del comentario realizado en este capítulo observamos que el ODS 8 (Trabajo decente y crecimiento económico) está relacionado con el ODS 4 (Educación de calidad), el ODS 5 (Igualdad de género), el ODS 9 (Industria, innovación e infraestructura), el ODS 10 (Reducción de desigualdades), el ODS 11 (Ciudades y comunidades sostenibles), el ODS 12 (Producción y consumo responsables), el ODS 16 (Paz, justicia e instituciones sólidas) y el ODS 17 (Alianzas para lograr los objetivos).

Primera propuesta: ¿podrías explicar la conexión entre estos ODS?

Propuestas de actividades para realizar en el aula

Actividad 1. Visionado de anuncios y debate en clase. Los alumnos deben visionar algún anuncio que el docente considere ilustrativo del Objetivo de Desarrollo Sostenible 8, relativo al «Trabajo decente y crecimiento económico». Podría ser cualquiera de los que hemos puesto como ejemplo en el capítulo u otros que el docente considere oportuno.

Tras ver el anuncio, la segunda parte de la actividad consistiría en la realización de un debate con los estudiantes. Proponemos algunas cuestiones a plantear:

1. ¿Qué papel creéis que puede tener la publicidad en la difusión del ODS tratado en este capítulo?
2. ¿Recordáis haber visto u oído algún anuncio sobre la temática de trabajo decente y crecimiento económico?
3. ¿Qué sabéis de las condiciones laborales del país en el que vivís (salario mínimo interprofesional, horas de la jornada laboral, derechos de los trabajadores, etc.)?

Actividad 2. Ciclo de charlas en clase. Los estudiantes podrían realizar un ciclo de charlas, llevadas a cabo por ellos mismos en colaboración con el docente, en las que se aborden las condiciones laborales de distintos países, de modo que se pueda realizar una comparativa.

Actividad 3. Test sobre este ODS. A continuación, proponemos un test sobre el ODS 8 con el fin de que los estudiantes puedan saber su grado de conocimiento e implicación en relación a la situación social que se pretende mejorar con este Objetivo de Desarrollo Sostenible. Estas preguntas podrán ser modificadas y adaptadas a los distintos niveles educativos, de acuerdo a las necesidades detectadas por los docentes. Os proponemos un modelo de test:

1. ¿Qué cifra de desempleados hay a nivel mundial?

   a) 192 millones de personas.
   b) 250 millones de personas.
   c) 400 millones de personas.

2. A nivel mundial, ¿qué respuesta es incorrecta?

   a) Uno de cada cuatro jóvenes no estudia ni trabaja.
   b) Las mujeres jóvenes tienen el doble de posibilidades que los hombres jóvenes de no encontrar empleo, no estudiar ni recibir ningún tipo de formación.
   c) Ambas opciones son correctas.

3. El crecimiento económico implica una reducción de la tasa de desempleo.

   a) Verdadero.
   b) Falso.

4. En algunos países continúan existiendo los trabajos forzosos, definidos por Naciones Unidas como las formas actuales de esclavitud.

   a) Verdadero.
   b) Falso.

5. ¿Crees que hay países donde el trabajo infantil es una realidad?

   a) Sí.
   b) No.

Proponemos que docentes y estudiantes amplíen el número de preguntas de este cuestionario, con el fin de conocer con más profundidad este ODS.

Actividad 4. Elaboración de un plan de acción. Los estudiantes deben realizar un plan de acción para trabajar en pro de este Objetivo de Desarrollo Sostenible. Dicho plan puede incluir, junto a las acciones previstas, un cronograma de trabajo o planificación temporal y un plan de seguimiento y control de las acciones propuestas (en el caso de decidir llevarlas a cabo). A modo de ejemplo, planteamos la siguiente propuesta de plan de acción:

1. Realización de un listado por parte de los estudiantes con distintos indicadores en materia de crecimiento económico y empleo en diferentes países e investigarán sobre ello.
2. Organización de un ciclo de charlas, realizadas por los propios estudiantes, tratando el tema de la gestión eficiente de la energía y destinadas a estudiantes de cursos inferiores. El objetivo es concienciar acerca de la necesidad de usar de manera correcta nuestros recursos energéticos.
3. Realización de carteles informativos con consejos sobre cómo usar correctamente la energía, los cuales se colocarían en el centro educativo.
4. Puesta en marcha de un concurso en el centro educativo, con preguntas sobre el uso eficiente de la energía. Los ganadores podrían recibir algún tipo de galardón o medalla.

ODS 9. Industria, innovación e infraestructura

«Construir infraestructuras resilientes, promover la industrialización sostenible y fomentar la innovación». Así define la ONU este ODS, en unos tiempos en los que el progreso y la innovación tecnológica son claves para el crecimiento económico y laboral de los países.

La innovación, el desarrollo y el avance en materia de infraestructuras son elementos clave en la consecución de los ODS que hemos visto hasta el momento. Por ello, es necesario promover su desarrollo en todos los países, especialmente en aquellos menos desarrollados. Esto implica varios pasos o acciones a realizar. Primero, hay que desarrollar infraestructuras seguras, de calidad y sostenibles. En segundo lugar, hay que promover una industria respetuosa con el medioambiente. En tercer lugar, hay que fomentar políticas institucionales que apoyen la industria y la innovación tecnológica tanto a nivel financiero como legislativo.

De acuerdo a lo expuesto en los primeros párrafos, Naciones Unidas plantea una serie de metas, que podemos resumir del siguiente modo:

— Promover una industrialización equitativa y sostenible, haciendo especial hincapié en las pequeñas industrias en países en vías de desarrollo.
— Promover la investigación para mejorar los procesos y sistemas industriales en pro de la sostenibilidad.
— Fomentar el acceso a Internet y a las tecnologías de la información, especialmente en aquellos países donde existen más dificultades en este sentido.

En el ámbito publicitario, la innovación es un tema muy utilizado en las campañas del sector de automoción. Es el caso de Kia y su «Innovación inspirada en la naturaleza», *spot* en el que se habla de la necesidad de innovar de un modo sostenible, donde el cuidado al medioambiente esté en el centro de todos los procesos y decisiones en este sentido.

Otro anuncio a destacar en este capítulo es un *spot* de Decathlon, titulado «Todo es imposible hasta que deja de serlo», en donde se habla del valor de la innovación como motor de una vida más cómoda, saludable y sostenible.

Marcas de telefonía y dispositivos móviles, como Samsung u Orange, también utilizan esta temática con mucha frecuencia en sus campañas. En este sentido podemos destacar la denominada «Crea el futuro», donde muestra cómo el desarrollo tecnológico facilita nuestra vida, o el anuncio de Orange denominado «En Navidad no dejes de estar conectado con lo que más quieres».

También nos gustaría hablar del *spot* de Telefónica titulado «Cien años conectando la vida de las personas», en el que se hace un repaso por la evolución tecnológica en materia de telefonía.

Nos gustaría terminar este capítulo con un anuncio de Acciona, titulado «Expertos en diseñar un planeta mejor», en el que se interconectan varios ODS, como son el ODS 7 (Energía limpia y no contaminante), con el ODS 8 (Trabajo decente y crecimiento económico) y el ODS 9 (Industria, innovación e infraestructura), que es del que hablamos en este apartado.

¿Encuentras relación entre este ODS y algún otro de los establecidos por Naciones Unidas?

Del comentario realizado en este capítulo observamos que el ODS 9 (Industria, innovación e infraestructura) está relacionado con el ODS 7 (Energía limpia y no contaminante), el ODS 8 (Trabajo decente y crecimiento económico), el ODS 11 (Ciudades y comunidades sostenibles), el ODS 13 (Acción por el clima), el ODS 14 (Vida submarina), el ODS 15 (Vida de ecosistemas terrestres), el ODS 16 (Paz, justicia e instituciones sólidas) y el ODS 17 (Alianzas para lograr los objetivos).

Primera propuesta: ¿podrías explicar la conexión entre estos ODS?

Propuestas de actividades para realizar en el aula

Actividad 1. Visionado de anuncios y debate en clase. Los alumnos deben visionar algún anuncio que el docente considere ilustrativo del Objetivo de Desarrollo Sostenible 9, relativo a la «Industria, la innovación y las infraestructuras». Podría ser cualquiera de los que hemos puesto como ejemplo en el capítulo u otros que el docente considere oportuno.

Tras ver el anuncio, la segunda parte de la actividad sería la realización de un debate con los estudiantes. Proponemos algunas cuestiones a plantear:

1. ¿Qué papel creéis que puede tener la publicidad en la difusión del ODS tratado en este capítulo?
2. ¿Recordáis haber visto u oído algún anuncio sobre la temática de industria, innovación e infraestructura?

3. ¿Podríais hablar de algún avance tecnológico que se haya producido recientemente?

Actividad 2. Exposición de póster. Los estudiantes, por grupos, deben elegir un avance tecnológico o actividad innovadora en materia de industria, energía, etc. y hacer un cartel explicando en qué consiste y cuáles son los beneficios que supone para la sociedad o para el mercado laboral, empresarial o industrial. Con todos los pósteres se realizará una exposición, con el fin de que todos los estudiantes de la clase puedan conocer los distintos avances que han elegido los compañeros.

Actividad 3. Test sobre este ODS. A continuación, proponemos un test sobre el ODS 9 con el fin de que los estudiantes puedan saber su grado de conocimiento e implicación en relación a la situación social que se pretende mejorar con este Objetivo de Desarrollo Sostenible. Estas preguntas podrán ser modificadas y adaptadas a los distintos niveles educativos, de acuerdo a las necesidades detectadas por los docentes. Os proponemos un modelo de test:

1. ¿Qué opción es incorrecta?

    a) El gasto mundial en investigación y desarrollo ha aumentado, sobre todo en los países más adelantados.
    b) Se está produciendo un importante crecimiento en las industrias de tecnología media-alta y alta.
    c) Las opciones anteriores son correctas.

2. ¿Qué porcentaje de la población mundial tiene acceso a banda ancha de móvil 3G o superior?

    a) El 85 %.
    b) El 95 %.
    c) El 98 %.

3. Señala la opción correcta:

    a) La innovación es clave en el desarrollo de las sociedades.
    b) El desarrollo tecnológico es parte importante de los avances en el terreno industrial.
    c) Las dos opciones anteriores son correctas.

4. En el desarrollo de infraestructuras, es importante que estas sean:

a) Seguras, sostenibles y de calidad.

b) Baratas.

c) No hay criterios recomendados.

5. Las instituciones públicas deben apoyar la investigación, la innovación y el desarrollo tecnológico.

a) Verdadero.

b) Falso.

Proponemos que docentes y estudiantes amplíen el número de preguntas de este cuestionario, con el fin de conocer con más profundidad este ODS.

Actividad 4. Elaboración de un plan de acción. Los estudiantes deben realizar un plan de acción para trabajar en pro de este Objetivo de Desarrollo Sostenible. Dicho plan puede incluir, junto a las acciones previstas, un cronograma de trabajo o planificación temporal y un plan de seguimiento y control de las acciones propuestas (en el caso de decidir llevarlas a cabo). A modo de ejemplo, planteamos la siguiente propuesta de plan de acción:

1. Realización de un listado conjunto de acciones por parte de los estudiantes en relación a las acciones relativas a la innovación e infraestructuras realizadas por las instituciones públicas en sus lugares de residencia.
2. Organización de un ciclo de charlas, realizadas por los propios estudiantes, tratando el tema de la innovación e infraestructuras desde las distintas perspectivas posibles y destinadas a estudiantes de cursos inferiores.
3. Realización de carteles sobre algunos de los anuncios propuestos en este capítulo, con las temáticas abordadas en los mismos.
4. Puesta en marcha de un concurso en el centro educativo, con preguntas sobre este ODS. Los ganadores podrían recibir algún tipo de galardón o medalla.

ODS 10. Reducción de las desigualdades

El ODS número 10 trata sobre la reducción de las desigualdades entre las personas y entre los países en unos tiempos, los actuales, en los que las dificultades económicas, sanitarias y laborales aumentan las diferencias, donde se sigue luchando contra la pobreza y en pro de la igualdad de oportunidades.

Cuestiones como el desempleo o la renta, en el plano económico, son muy relevantes en este Objetivo de Desarrollo Sostenible, pero también hay que tener en cuenta otros aspectos relativos a causas sociales y políticas.

Del mismo modo, cuando hablamos de desigualdades hay que hacer referencia obligada a la igualdad de género, pero también a la necesaria inversión en una educación de calidad, ya que, como ya veíamos en el capítulo correspondiente, constituye un importante motor de cambio social y económico para los países y para las propias personas.

De este modo, la consecución de este ODS pasa por trabajar por la igualdad de oportunidades y luchar contra la discriminación en todas sus formas y manifestaciones.

Aquí el papel de las instituciones públicas es más relevante si cabe, con el diseño de políticas adecuadas y adaptadas a las necesidades de los distintos sectores de la población, en pro de la reducción de las desigualdades de una forma real y efectiva.

En relación con todo lo expuesto, las medidas propuestas por Naciones Unidas para llevar a cabo dentro de este Objetivo de Desarrollo Sostenible se resumirían del siguiente modo:

— Reducir la pobreza.
— Garantizar la igualdad de oportunidades.
— Facilitar la migración y la movilidad ordenada.

En materia de publicidad, hemos seleccionado algunas campañas que reflejan muy bien lo perseguido en este Objetivo de Desarrollo Sostenible.

La primera ha sido realizada por Telefónica. Con el título de «La foto de todos», la marca da un paso adelante para que no se deje a nadie atrás, por ningún motivo. La no discriminación y la inclusión de todos es el argumento central de esta campaña.

Otras campañas a destacar han sido las realizadas por el Ministerio de Igualdad («Sí, es racismo») y el Ministerio de Derechos Sociales y Agenda 2030 («Es mérito de todos»), ambos del Gobierno de España, en las que se insta a dejar de lado la discriminación y tratar a las personas por igual, sea cual sea su procedencia, sexo, orientación sexual, nivel socioeconómico, religión, etc.

Un *spot* que transmite muy bien la idea de este ODS es el titulado «Es tiempo de hablar de nuestro tiempo» de Conforauto y en el que se habla de la necesidad de visibilizar lo que algunos no quieren ver, de la necesidad de una igualdad de oportunidades real y efectiva entre hombres y mujeres o la necesidad de habitar las zonas rurales como instrumento para un futuro mejor.

Otro anuncio que nos gustaría resaltar también ha sido promovido por el Ministerio de Igualdad del Gobierno de España, con el título «España es orgullosamente diferente», en el que se dicen frases tan extraordinarias como «ahora pueden hacer lo que les da la gana, son libres de estar con quien quieran y de ser como son, sin miedo a nada ni a nadie, aunque todavía queda mucho odio por barrer, no creas».

¿Encuentras relación entre este ODS y algún otro de los establecidos por Naciones Unidas?

Del comentario realizado en este capítulo observamos que el ODS 10 (Reducción de las desigualdades) está relacionado con el ODS 4 (Educación de calidad), el ODS 5 (Igualdad de género), el ODS 8 (Trabajo decente y crecimiento económico), el ODS 16 (Paz, justicia e instituciones sólidas) y el ODS 17 (Alianzas para lograr los objetivos).

Primera propuesta: ¿podrías explicar la conexión entre estos ODS?

Propuestas de actividades para realizar en el aula

Actividad 1. Visionado de anuncios y debate en clase. Los alumnos deben visionar algún anuncio que el docente considere ilustrativo del Objetivo de Desarrollo Sostenible 10, relativo a la reducción de las desigualdades. Podría ser cualquiera de los que hemos puesto como ejemplo en el capítulo u otros que el docente considere oportuno.

Tras ver el anuncio, la segunda parte de la actividad sería la realización de un debate con los estudiantes. Proponemos algunas cuestiones a plantear:

1. ¿Qué papel creéis que puede tener la publicidad en la difusión del ODS tratado en este capítulo?

2. ¿Recordáis haber visto u oído algún anuncio sobre la temática de «reducción de desigualdades»?
3. ¿Habéis presenciado alguna situación de discriminación?

Actividad 2. Canal de pódcast. Los estudiantes deben realizar un canal de pódcast en el que hablen de la desigualdad en sus diversas formas. El docente debe repartir los temas entre los distintos grupos participantes. Este canal de pódcast se puede difundir en las redes sociales del centro educativo.

Actividad 3. Test sobre este ODS. A continuación, proponemos un test sobre el ODS 10 con el fin de que los estudiantes puedan saber su grado de conocimiento e implicación en relación a la situación social que se pretende mejorar con este Objetivo de Desarrollo Sostenible. Estas preguntas podrán ser modificadas y adaptadas a los distintos niveles educativos, de acuerdo a las necesidades detectadas por los docentes. Os proponemos un modelo de test:

1. El ODS 10 hace referencia a:

    a) La desigualdad entre países.
    b) La desigualdad en países.
    c) Ambas opciones son correctas.

2. ¿Qué opción es incorrecta?

    a) La pandemia provocó la mayor desigualdad de ingresos entre países en tres décadas.
    b) La mayoría de los países experimentaron una mejora de la prosperidad compartida, pero la pandemia puede haber revertido parte de este progreso.
    c) Las opciones anteriores son correctas.

3. ¿Cuál crees que es la respuesta correcta?

    a) Una de cada cinco personas en el mundo sufrió algún tipo de discriminación.
    b) Una de cada seis personas en el mundo sufrió algún tipo de discriminación.
    c) Una de cada cuatro personas en el mundo sufrió algún tipo de discriminación.

4. ¿Cuántos refugiados piensas que hay en la actualidad?

   a)   Entre 34 y 35 millones de personas.
   b)   Entre 40 y 45 millones de personas.
   c)   Entre 50 y 55 millones de personas.

5. ¿Cuáles pueden ser causas de desigualdad?

   a)   Ser mujer.
   b)   Unas malas condiciones económicas.
   c)   Las dos opciones anteriores son correctas.

Proponemos que docentes y estudiantes amplíen el número de preguntas de este cuestionario, con el fin de conocer con más profundidad este ODS.

Actividad 4. Elaboración de un plan de acción. Los estudiantes deben realizar un plan de acción para trabajar en pro de este Objetivo de Desarrollo Sostenible. Dicho plan puede incluir, junto a las acciones previstas, un cronograma de trabajo o planificación temporal y un plan de seguimiento y control de las acciones propuestas (en el caso de decidir llevarlas a cabo). A modo de ejemplo, planteamos la siguiente propuesta de plan de acción:

1. Establecimiento de una red de colaboración entre el centro educativo y entidades sociales que trabajan en la reducción de desigualdades, tales como aquellas que promueven la igualdad de género, la integración laboral o la inclusión de personas con discapacidad, entre otras.
2. Organización de un ciclo de charlas, realizadas por profesionales que trabajan o colaboran en las ONG del primer punto, que expliquen la situación actual de la desigualdad desde distintas perspectivas.
3. Derivado de la acción anterior, creación de un canal de pódcast con las conferencias impartidas por las ONG, el cual se podrá difundir en las redes sociales del centro educativo.
4. Realización de un análisis por parte de los estudiantes sobre su entorno, con el fin de detectar situaciones de desigualdad, y establecimiento de una serie de medidas para acabar con esas situaciones de desigualdad detectadas.

ODS 11. Ciudades y comunidades sostenibles

El Objetivo de Desarrollo Sostenible número 11 trabaja por la consecución de unas ciudades más inclusivas, seguras, resilientes y sostenibles, algo relacionado con el ODS 9, que lo hace en la consecución de infraestructuras más sostenibles, como una de sus metas.

Según Naciones Unidas, más del 50 % de la población se concentra en las ciudades, cifra que parece que aumentará en los próximos años. De ahí la necesidad de vigilar las zonas urbanas y convertirlas en lugares más amables y limpios.

De este modo, este ODS aborda la necesidad de diseñar de forma correcta, sostenible y segura las ciudades, convirtiéndolas en entornos saludables. Esto implica el fomento de un transporte público eficaz y no contaminante, así como la creación y mantenimiento de zonas verdes y amplios espacios públicos al aire libre, que se conviertan en pulmones verdes en las urbes.

Este ODS también aborda el tema de la vivienda, de la necesidad de que esta sea accesible a los ciudadanos, con precios asequibles y garantías de seguridad y calidad en su construcción.

Al igual que ocurre en otros Objetivos de Desarrollo Sostenible, las Administraciones e instituciones públicas tienen mucho que hacer en esta materia, ya que todo lo expuesto hasta el momento implica la puesta en marcha de medidas legislativas y ayudas económicas.

A modo de resumen, las metas planteadas por Naciones Unidas para este objetivo son las siguientes:

— Asegurar el acceso a todas las personas a una vivienda y servicios básicos adecuados, con estructuras de calidad y resistentes a desastres naturales.
— Garantizar el acceso a medios de transporte seguros, asequibles, accesibles y sostenibles, haciendo especial hincapié en el transporte público.
— Proteger el patrimonio cultural y natural.
— Reducir el impacto ambiental que la contaminación supone en las ciudades.
— Diseñar una planificación del desarrollo nacional y regional.

Al igual que ocurre con otros ODS, la temática abordada en este suele ser tratada por instituciones públicas, que realizan labores de concienciación, visibilización y fomento de determinas políticas. En este sentido, destacamos dos campañas publicitarias. La primera, realizada por el Ministerio para la Transición Ecológica y el Reto Demográfico del Gobierno de España, titulada «Nuestras playas, nuestra mejor defensa», donde se pone en valor la necesidad de una planificación correcta del desarrollo urbano, que permita atender las necesidades sociales, a la par que cuidar el medioambiente y el funcionamiento de la naturaleza.

Por otra parte, Correos y su «Vive donde quieras» nos anima a poblar entornos rurales. En esta campaña se muestran las bondades de estos parajes como lugar de residencia. Temática similar trata el anuncio de Yoigo «Que vivan los pueblos».

¿Encuentras relación entre este ODS y algún otro de los establecidos por Naciones Unidas?

Del comentario realizado en este capítulo observamos que el ODS 11 (Ciudades y comunidades sostenibles) está relacionado con el ODS 7 (Energía asequible y no contaminante), el ODS 9 (Industria, innovación e infraestructura), el ODS 13 (Acción por el clima), el ODS 16 (Paz, justicia e instituciones sólidas) y el ODS 17 (Alianzas para lograr los objetivos).

Primera propuesta: ¿podrías explicar la conexión entre estos ODS?

Propuestas de actividades para realizar en el aula

Actividad 1. Visionado de anuncios y debate en clase. Los alumnos deben visionar algún anuncio que el docente considere ilustrativo del Objetivo de Desarrollo Sostenible 11, relativo a las ciudades y comunidades sostenibles. Podría ser cualquiera de los que hemos puesto como ejemplo en el capítulo u otros que el docente considere oportuno.

Tras ver el anuncio, la segunda parte de la actividad consiste en la realización de un debate con los estudiantes. Proponemos algunas cuestiones a plantear:

1. ¿Qué papel creéis que puede tener la publicidad en la difusión del ODS tratado en este capítulo?
2. ¿Recordáis haber visto u oído algún anuncio sobre la temática de ciudades y comunidades sostenibles?

3. ¿Qué piensas que se podría mejorar en tu lugar de residencia para hacerlo más sostenible?

Actividad 2. Realización de carteles o maquetas. Los estudiantes deben realizar, por grupos, un cartel o una maqueta de su barrio o lugar de residencia, con los cambios que proponían en la primera actividad para hacerlo más sostenible y seguro.

Actividad 3. Test sobre este ODS. A continuación, proponemos un test sobre el ODS 11 con el fin de que los estudiantes puedan saber su grado de conocimiento e implicación en relación a la situación social que se pretende mejorar con este Objetivo de Desarrollo Sostenible. Estas preguntas podrán ser modificadas y adaptadas a los distintos niveles educativos, de acuerdo a las necesidades detectadas por los docentes. Os proponemos un modelo de test:

1. El ODS 11 pretende:
   a) Fomentar espacios verdes en las ciudades.
   b) Fomentar espacios públicos al aire libre.
   c) Las dos opciones anteriores son correctas.

2. ¿Qué temas aborda el ODS 11?
   a) Cómo diseñar ciudades más sostenibles.
   b) Como reducir la contaminación en las ciudades.
   c) Las dos opciones anteriores son correctas.

3. ¿Qué opción es incorrecta?
   a) Más de la mitad de la población mundial reside actualmente en zonas urbanas.
   b) En las ciudades se produce un crecimiento urbano incontrolado y mayor contaminación del aire.
   c) Las opciones anteriores son correctas.

4. ¿Cuál crees que es la respuesta correcta?
   a) La demanda de transporte urbano continúa aumentando exponencialmente, en particular en los países en desarrollo.
   b) La contaminación del aire no es solo un problema urbano, sino que también afecta a los pueblos y zonas rurales.
   c) Todas las opciones son correctas.

5. ¿Qué porcentaje de la población urbana tiene acceso al transporte público?

   a) 50 %.
   b) 60 %.
   c) 70 %.

Proponemos que docentes y estudiantes amplíen el número de preguntas de este cuestionario, con el fin de conocer con más profundidad este ODS.

Actividad 4. Elaboración de un plan de acción. Los estudiantes deben realizar un plan de acción para trabajar en pro de este Objetivo de Desarrollo Sostenible. Dicho plan puede incluir, junto a las acciones previstas, un cronograma de trabajo o planificación temporal y un plan de seguimiento y control de las acciones propuestas (en el caso de decidir llevarlas a cabo). A modo de ejemplo, planteamos la siguiente propuesta de plan de acción:

1. Invitación a clase al responsable de sostenibilidad del ayuntamiento en el que se encuentre el centro docente. Los estudiantes les realizarán preguntas sobre la temática de este ODS. El objetivo es que se conozcan las medidas que se llevan a cabo en esta materia en sus entornos más cercanos.
2. Realización de una exposición en el centro educativo con todos los carteles y maquetas realizados en la actividad 2.
3. Creación de un canal de pódcast en el que los alumnos hablen de ejemplos de ciudades sostenibles en el mundo, con el fin de conocer qué cosas se hacen dentro y fuera de nuestras fronteras.
4. Realización por parte de los estudiantes de un análisis de su centro educativo para ver de qué manera puede ser este más sostenible y seguro.

ODS 12. Producción y consumo responsables

El Objetivo de Desarrollo Sostenible número 12 trabaja en la consecución de modelos de producción sostenibles, algo ligado directamente con el crecimiento económico, los procesos industriales y el cuidado del medioambiente.

Así, podemos decir que el consumo y la producción mundial dependen del medio ambiente y de los recursos naturales que en él se producen y justo eso, la madre Tierra, es quien más perjudicada se ve por una producción desmesurada.

Resulta curioso que hoy en día, a pesar de que las sociedades han mejorado mucho sus condiciones económicas respecto a tiempos pasados, es cuando más se desperdicia y eso podemos aplicarlo a todos los sectores: alimentación, moda, electrodomésticos, etc.

En este sentido, cobran especial relevancia las políticas públicas que fomenten la reutilización y el reciclaje, pero esa acción de la Administración debe ir acompañada de una fuerte conciencia social acerca de las consecuencias de ese consumo desmesurado que se produce hoy en día.

De ahí que las metas de este objetivo pasen por:

— Gestionar de modo sostenible y eficiente los recursos naturales.
— Reducir la generación de deshechos mediante el reciclaje y la reutilización.
— Trabajar en el desarrollo sostenible de los países, especialmente de aquellos que tienen más dificultades para conseguirlo.

Esta temática es utilizada de forma frecuente por marcas de alimentación, como respuesta a una sociedad que demanda procesos de producción y comercialización sostenibles y respetuosos con el medioambiente. Es el caso de la leche Pascual y su campaña titulada «Cuando haces algo de corazón» o la marca Nestlé con «Nuestro origen nos hace únicos».

Más allá de la alimentación, la necesidad de un consumo responsable llega a marcas de ropa, telefonía, etc. Wallapop y su campaña «Por un consumo sostenible» o Vinted con su anuncio «Si no lo usas, véndelo» son dos ejemplos de ello, marcas que además hacen de esta temática su razón de ser. La reciente aplicación de la marca Zara para vender y reparar ropa usada es otra de las muestras de esta tendencia en materia de consumo que está calando en la sociedad actual.

En este capítulo debemos mencionar el anuncio de Greenpeace, titulado «Chimpún», en el que se habla, entre otras cosas, de la necesidad imperiosa de cambiar nuestra forma de consumir y producir si no queremos acabar pronto con nuestro planeta.

¿Encuentras relación entre este ODS y algún otro de los establecidos por Naciones Unidas?

Del comentario realizado en este capítulo observamos que el ODS 12 (Producción y consumo responsables) está relacionado con el ODS 7 (Energía asequible y no contaminante), el ODS 8 (Trabajo decente y crecimiento económico), el ODS 9 (Industria, innovación e infraestructura), el ODS 13 (Acción por el clima), el ODS 14 (Vida submarina), el ODS 15 (Vida de ecosistemas terrestres), el ODS 16 (Paz, justicia e instituciones sólidas) y el ODS 17 (Alianzas para lograr los objetivos).

Primera propuesta: ¿podrías explicar la conexión entre estos ODS?

Propuestas de actividades para realizar en el aula

Actividad 1. Visionado de anuncios y debate en clase. Los alumnos deben visionar algún anuncio que el docente considere ilustrativo del Objetivo de Desarrollo Sostenible 12, relativo a la producción y consumo responsables. Podría ser cualquiera de los que hemos puesto como ejemplo en el capítulo u otros que el docente considere oportuno.

Tras ver el anuncio, la segunda parte de la actividad sería la realización de un debate con los estudiantes. Proponemos algunas cuestiones a plantear:

1. ¿Qué papel creéis que puede tener la publicidad en la difusión del ODS tratado en este capítulo?
2. ¿Recordáis haber visto u oído algún anuncio sobre la temática del consumo responsable?
3. ¿Consideráis que consumís de una forma responsable?

Actividad 2. Creación de un periódico sobre este ODS. Los estudiantes deben confeccionar un periódico, con diversas noticias, reportajes y entrevistas en torno a este ODS.

Actividad 3. Test sobre este ODS. A continuación, proponemos un test sobre el ODS 12 con el fin de que los estudiantes puedan saber su grado de conocimiento e implicación en relación a la situación social que se pretende mejorar con este Objetivo de Desarrollo Sostenible. Estas preguntas podrán ser modificadas y adaptadas a los distintos niveles educativos, de acuerdo a las necesidades detectadas por los docentes. Os proponemos un modelo de test:

1. ¿Qué opción es incorrecta?

    a) A pesar del aumento del hambre en el mundo, la pérdida y el desperdicio de alimentos son inquietantes y desiguales.

    b) Aumenta la cooperación mundial para el consumo y la producción sostenibles.

    c) Las opciones anteriores son correctas.

2. ¿Qué cantidad de alimentos se pierden en la cadena de suministro (desde su lugar de origen hasta el consumidor)?

    a) Un 13 %.

    b) Un 16 %.

    c) Un 20 %.

3. Este ODS insta a la acción a:

    a) Organismos públicos para que fomenten la reutilización y el reciclaje.

    b) A la sociedad para que tome conciencia sobre las consecuencias de un consumo desmesurado.

    c) Las dos opciones anteriores son correctas.

4. ¿Qué se considera consumo responsable?

    a) Un consumo consciente, adecuado a las necesidades reales.

    b) Un consumo desmesurado de productos y servicios.

    c) Un consumo moderado de productos y servicios.

5. Según los datos actuales, hoy en día es cuando más:

    a) Comida se desperdicia.

    b) Productos se consumen.

    c) Las dos opciones anteriores son correctas.

Proponemos que docentes y estudiantes amplíen el número de preguntas de este cuestionario, con el fin de conocer con más profundidad este ODS.

Actividad 4. Elaboración de un plan de acción. Los estudiantes deben realizar un plan de acción para trabajar en pro de este Objetivo de Desarrollo Sostenible. Dicho plan puede incluir, junto a las acciones previstas, un cronograma de trabajo o planificación temporal y un plan de seguimiento y control de las acciones propuestas (en el caso de decidir llevarlas a cabo). A modo de ejemplo, planteamos la siguiente propuesta de plan de acción:

1. Establecimiento de una red de colaboración entre el centro educativo y entidades sociales que trabajan la temática de este ODS.
2. Organización de un ciclo de charlas de los estudiantes, dirigidas a alumnos de cursos inferiores, sobre estas temáticas, con el objetivo de concienciar sobre este asunto.
3. Creación de una red de reciclaje y reutilización en el centro educativo.
4. Organización de un concurso entre los estudiantes para fomentar las acciones basadas en el reciclaje y reutilización de productos.

ODS 13. Acción por el clima, ODS 14. Vida submarina y ODS 15. Vida de los ecosistemas terrestres

El ODS 13 (Acción por el clima) tiene relación directa con el ODS 14 (Vida submarina) y el ODS 15 (Vida de los ecosistemas terrestres), motivo por el cual los tratamos en el mismo capítulo.

El cambio climático no solo afecta al clima de los países, sino que sus consecuencias son mucho mayores y nos sabemos si irreversibles. El aumento del nivel del mar, la pérdida de biodiversidad, el aumento de especies en peligro de extinción o el incremento del número y gravedad de desastres naturales, tales como fuertes lluvias que provocan inundaciones o terremotos, son algunos ejemplos de las consecuencias conocidas de este cambio climático al que nos enfrentamos.

Ante esto, Naciones Unidas insta a la acción y lo hace con tres Objetivos de Desarrollo Sostenible dedicados al cuidado del medioambiente en todas sus formas. De ahí que hayamos querido agruparlos en un mismo comentario, ya que las medidas propuestas para unos y otros están interrelacionadas.

El ODS 13 insta a tomar medidas urgentes para proteger el medioambiente y combatir el cambio climático y sus efectos. Por eso, se propone trabajar en todas las direcciones y ámbitos: educación, economía, política, etc., estableciendo estrategias que trabajen de forma conjunta en esta dirección.

La protección de los ecosistemas marinos, ODS 14, es otro de los objetivos que plantea Naciones Unidas. Por ello, insta a prevenir la contaminación de los mares, océanos y ríos, a regular la explotación pesquera y a hacer un uso eficiente de los recursos marinos.

El ODS 15 se dedica al cuidado de los ecosistemas terrestres. Así, se insta a la gestión sostenible de los bosques, a la lucha contra la desertificación —con la rehabilitación de tierras—, a detener la pérdida de biodiversidad, a regular la caza furtiva y a eliminar el tráfico de especies protegidas.

Observamos, como decíamos, que estos tres ODS están interrelacionados y que, al final, proponen medidas conjuntas, que pasan por la reducción de los niveles de contaminación, el uso de energías limpias y el diseño de políticas de conservación de los ecosistemas terrestres y marítimos.

Como ejemplos de anuncios publicitarios que tratan las temáticas de estos ODS podemos señalar la campaña de la ONU «No soy yo, eres tú», en la que se conciencia sobre la necesidad de mantener unos mares limpios de plástico, misma temática que se trata en otra campaña, también de Naciones Unidas, titulada «Rompe con el plástico. Mares limpios».

«Los océanos te necesitan» de Greenpeace es otro ejemplo en el que se aborda la necesidad de mantener unos mares limpios como garantía de la supervivencia del medioambiente.

En este capítulo es preciso resaltar las campañas «Reciclar da vida» de Ecovidrio o «Estés en el punto que estés, lo importante es estar», del Proyecto Libera de SEO/Birdlife en alianza con Ecoembes, que pretenden concienciar sobre la necesidad de reciclar y mantener limpia nuestra naturaleza.

¿Encuentras relación entre este ODS y algún otro de los establecidos por Naciones Unidas?

Del comentario realizado en este capítulo observamos que el ODS 13 (Acción por el clima), el ODS 14 (Vida submarina) y el ODS 15 (Vida de los ecosistemas terrestres) están relacionados con el ODS 1 (Fin de la pobreza), el ODS 2 (Hambre cero), el ODS 3 (Salud y bienestar), el ODS 6 (Agua limpia y saneamiento), el ODS 7 (Energía limpia y no contaminante), el ODS 9 (Industria, innovación e infraestructura), el ODS 11 (Ciudades y comunidades sostenibles), el ODS 12 (Producción y consumo responsables), el ODS 16 (Paz, justicia e instituciones sólidas) y el ODS 17 (Alianzas para lograr los objetivos).

Primera propuesta: ¿podrías explicar la conexión entre estos ODS?

Propuestas de actividades para realizar en el aula

Actividad 1. Visionado de anuncios y debate en clase. Los alumnos deben visionar algún anuncio que el docente considere ilustrativo de los Objetivos de Desarrollo Sostenible 13, 14 y 15, relativos al cuidado del medioambiente y de los ecosistemas marítimos y terrestres. Podría ser cualquiera de los que hemos puesto como ejemplo en el capítulo u otros que el docente considere oportuno.

Tras ver el anuncio, la segunda parte de la actividad sería la realización de un debate con los estudiantes. Proponemos algunas cuestiones a plantear:

1. ¿Qué papel creéis que puede tener la publicidad en la difusión de los ODS tratados en este capítulo?
2. ¿Recordáis haber visto u oído algún anuncio sobre estas temáticas?
3. ¿Qué pequeñas acciones podemos llevar a cabo nosotros, a nivel personal, para la consecución de las metas de estos ODS?

Actividad 2. Canal de pódcast. Los estudiantes deben realizar un canal de pódcast en el que hablen de los distintos temas que se abordan en estos tres ODS.

Actividad 3. Test sobre estos ODS. A continuación, proponemos un test sobre los ODS 13, 14 y 15 con el fin de que los estudiantes puedan saber su grado de conocimiento e implicación en relación a la situación social que se pretende mejorar con estos Objetivos de Desarrollo Sostenible. Estas preguntas podrán ser modificadas y adaptadas a los distintos niveles educativos, de acuerdo a las necesidades detectadas por los docentes. Os proponemos un modelo de test:

1. ¿Qué opción es incorrecta?

    a) La elevación sin precedentes del nivel del mar supone una grave amenaza para millones de personas.
    b) El plástico es el tipo de desecho marino más dañino.
    c) Las opciones anteriores son correctas.

2. ¿Qué opción es incorrecta?

    a) La deforestación y la degradación forestal siguen siendo grandes amenazas en el mundo.

b)   En las dos últimas décadas se han perdido 100 millones de hectáreas de bosque.

c)   Las opciones anteriores son correctas.

3.   ¿Cuál fue el segundo año más caluroso desde que hay registros?

a)   2020.

b)   2019.

c)   2022.

4.   ¿En qué año los niveles de dióxido de carbono y de otros gases de efecto invernadero alcanzaron máximos históricos?

a)   2019.

b)   2018.

c)   2020.

5.   ¿Cuál es la mayor amenaza para nuestros mares y océanos?

a)   La contaminación.

b)   El aumento de la temperatura del agua.

c)   Las dos opciones anteriores son correctas.

6.   Señala la opción incorrecta:

a)   La sobrepesca ha dado lugar a la desaparición de más de un tercio de la población mundial de peces.

b)   La pérdida de biodiversidad preocupa a los expertos.

c)   Las dos opciones anteriores son correctas.

Proponemos que docentes y estudiantes amplíen el número de preguntas de este cuestionario, con el fin de conocer con más profundidad estos ODS.

Actividad 4. Elaboración de un plan de acción. Los estudiantes deben realizar un plan de acción para trabajar en pro de estos Objetivos de Desarrollo Sostenible. Dicho plan puede incluir, junto a las acciones previstas, un cronograma de trabajo o planificación temporal y un plan de seguimiento y control de las acciones propuestas (en el caso de decidir llevarlas a cabo). A modo de ejemplo, planteamos la siguiente propuesta de plan de acción:

1.   Establecimiento de una red de colaboración entre el centro educativo y entidades sociales que trabajan el cuidado del medioambien-

te y los ecosistemas terrestres y marítimos y diseñar actividades de concienciación conjuntas.

2. Organización de un ciclo de charlas, realizadas por profesionales que trabajan o colaboran en las ONG del primer punto, que expliquen la situación actual del medioambiente.

3. Derivado de la acción anterior, creación de un canal de pódcast con las conferencias impartidas por las ONG, el cual se podrá difundir en las redes sociales del centro educativo.

4. Realización por parte de los estudiantes de un análisis de su entorno para ver de qué manera pueden ellos contribuir a los Objetivos de Desarrollo Sostenible estudiados en este capítulo.

ODS 16. Paz, justicia e instituciones sólidas y ODS 17. Alianzas para lograr los objetivos

El desarrollo sostenible del que se habla en prácticamente todos los Objetivos de Desarrollo Sostenible vistos hasta el momento está constantemente amenazado por los conflictos armados que sacuden el mundo. Entretanto, miles de personas deben abandonar sus hogares con lo puesto, huyendo de la muerte y la destrucción.

La consecución de sociedades justas, pacíficas e inclusivas es la meta del ODS 16, en el que se insta a:

— Trabajar para erradicar todas las formas de violencia contra niños, mujeres y adultos en general.
— Eliminar la corrupción.
— Promover el acceso a una identidad jurídica para todas las personas.
— Conseguir una justicia real, justa e igualitaria.
— Consolidar unas instituciones sólidas, al servicio de los intereses de los ciudadanos.
— Proteger los derechos y libertades conseguidos por los ciudadanos de los distintos países.

Aquí es donde cobra especial protagonismo el ODS 17, que fomenta las alianzas, el trabajo conjunto en pro del bien común, ya que este ODS aparece en los 16 Objetivos de Desarrollo Sostenible anteriores. La cooperación (económica, social, jurídica, tecnológica, etc.) entre personas, países e instituciones es clave para conseguir las metas fijadas en cada uno de los ODS establecidos por Naciones Unidas.

En nuestro análisis publicitario observamos cómo, al igual que con ODS anteriores, las ONG y organizaciones sin ánimo de lucro son las promotoras de la mayor parte de anuncios con esta temática.

Save the Children ha lanzado varios anuncios tratando estas cuestiones, como el titulado «Las voces de la infancia que viven el conflicto». Unicef también es artífice de varios *spots* sobre este ODS, como el titulado «Por mí y por todos mis compañeros» o «Quitémonos la venda contra la violencia sexual hacia niñas, niños y adolescentes».

Como decíamos en líneas anteriores, el ODS 17 pone de manifiesto que solo con la unión de todos (sociedades, personas y colectivos) se podrán conseguir las metas de los 16 Objetivos de Desarrollo Sostenible anteriores. Justo de eso, de la alianza entre personas en pro de un objetivo común, trata el anuncio de la Fundación la Caixa titulado «La soledad no se ve, se siente», o «La recompensa emocional» de la Fundación Mapfre.

¿Encuentras relación entre este ODS y algún otro de los establecidos por Naciones Unidas?

Del comentario realizado en este capítulo observamos la relación entre el ODS 1 (Fin de la pobreza), el ODS 2 (Hambre cero), el ODS 3 (Salud y bienestar), el ODS 4 (Educación de calidad), el ODS 5 (Igualdad de género), el ODS 6 (Agua limpia y saneamiento), el ODS 7 (Energía asequible y no contaminante), el ODS 8 (Trabajo decente y crecimiento económico), el ODS 9 (Industria, innovación e infraestructura), el ODS 10 (Reducción de desigualdades), el ODS 11 (Ciudades y comunidades sostenibles), el ODS 12 (Producción y consumo responsables), el ODS 13 (Acción por el clima), el ODS 14 (Vida submarina) y el ODS 15 (Vida de los ecosistemas terrestres).

Primera propuesta: ¿podrías explicar la conexión entre estos ODS?

Propuestas de actividades para realizar en el aula

Actividad 1. Visionado de anuncios y debate en clase. Los alumnos deben visionar algún anuncio que el docente considere ilustrativo de los Objetivos de Desarrollo Sostenible 16 y 17, relativos a la paz, la justicia y las instituciones sólidas, al igual que a la creación de alianzas. Podría ser cualquiera de los que hemos puesto como ejemplo en el capítulo u otros que el docente considere oportuno.

Tras ver el anuncio, la segunda parte de la actividad consistiría en la realización de un debate con los estudiantes. Proponemos algunas cuestiones a plantear:

1. ¿Qué papel creéis que puede tener la publicidad en la difusión de los ODS tratados en este capítulo?
2. ¿Recordáis haber visto u oído algún anuncio sobre las temáticas de estos ODS?
3. ¿Qué tipo de alianzas creéis que se pueden hacer en pro de alcanzar las metas previstas en los Objetivos de Desarrollo Sostenible?

Actividad 2. Actividades de aula invertida. Los estudiantes deben impartir charlas a los compañeros sobre el funcionamiento de las instituciones, tanto en España como en la Unión Europea. El docente distribuirá las temáticas entre los estudiantes.

Actividad 3. Test sobre estos ODS. A continuación, proponemos un test sobre estos ODS con el fin de que los estudiantes puedan saber su grado de conocimiento e implicación en relación a la situación social que se pretende mejorar con estos Objetivos de Desarrollo Sostenible. Estas preguntas podrán ser modificadas y adaptadas a los distintos niveles educativos, de acuerdo a las necesidades detectadas por los docentes. Os proponemos un modelo de test:

1. El ODS 16 aborda cuestiones como:
   a) La violencia en todas sus formas y la corrupción.
   b) Los conflictos armados y el fomento de instituciones sólidas.
   c) Las dos opciones anteriores son correctas.

2. ¿Qué opción es incorrecta?
   a) Los homicidios en el mundo alcanzan su nivel más alto en 20 años en medio de la escalada de la violencia sociopolítica y de pandillas.
   b) En el año 2022 se produjo un aumento de más del 50% de las muertes de civiles relacionadas con conflictos.
   c) Las opciones anteriores son correctas.

3. ¿Qué opción es incorrecta?

   a) El número de personas encarceladas aumenta cada año, lo que genera hacinamiento y preocupación por la proporción de reclusos sin condena.

   b) A finales de 2022, 108,4 millones de personas fueron desplazadas de manera forzosa en todo el mundo, 19 millones más que en 2021.

   c) Las opciones anteriores son correctas.

4. ¿Qué porcentaje de la población mundial usa Internet?

   a) Un 55 %.
   b) Un 66 %.
   c) Un 75 %.

5. Cuando hablamos de alianzas, ¿qué áreas se incluyen?

   a) Tecnológica y económica.
   b) Institucional.
   c) Las dos opciones anteriores son correctas.

6. ¿Consideras que todos los ODS previstos por Naciones Unidas necesitan del ODS 17 para lograr sus objetivos?

   a) Sí.
   b) No.

Proponemos que docentes y estudiantes amplíen el número de preguntas de este cuestionario, con el fin de conocer con más profundidad este ODS.

Actividad 4. Elaboración de un plan de acción. Los estudiantes deben realizar un plan de acción para trabajar en pro de estos Objetivos de Desarrollo Sostenible. Dicho plan puede incluir, junto a las acciones previstas, un cronograma de trabajo o planificación temporal y un plan de seguimiento y control de las acciones propuestas (en el caso de decidir llevarlas a cabo). A modo de ejemplo, planteamos la siguiente propuesta de plan de acción:

1. Diseño de redes de colaboración con otros centros educativos en pro de un Objetivo de Desarrollo Sostenible común (elegido de forma consensuada entre los miembros de la red).

2. Organización de un ciclo de conferencias con profesionales del ámbito de la justicia y de las instituciones.
3. Derivado de la acción anterior, creación de un canal de pódcast con las conferencias impartidas por los profesionales.
4. Elección por parte de los estudiantes de un ODS sobre el que trabajar a lo largo del curso y diseño de un programa de actividades.

2
CAMPAÑAS RELEVANTES POR SU DEFENSA DE LOS ODS

En la primera parte de este bloque hemos estudiado cada uno de los 17 Objetivos de Desarrollo Sostenible y hemos puesto algunos ejemplos de anuncios que tratan cada una de las temáticas. A continuación, os proponemos otra actividad para realizar en el aula, con el fin de que los estudiantes trabajen con más detalle cada uno de los ODS.

Para ello, en este bloque incluimos anuncios de distintas marcas (algunos los hemos nombrado en el primer bloque), relevantes todos ellos por su defensa de las metas fijadas en los ODS. Los estudiantes tienen que analizar qué Objetivos de Desarrollo Sostenible se abordan en cada uno de los *spots* propuestos y de qué manera. Hemos incluido una pequeña ficha de cada anuncio y el enlace donde se puede visionar, al igual que la transcripción de la voz en *off* y texto sobreimpresionado del anuncio, con el fin de facilitar la comprensión del mismo.

Este análisis propuesto se puede realizar con otros anuncios que elija el docente, de acuerdo a las necesidades educativas y temáticas que se quieran tratar.

2.1. Fundación Mapfre. La recompensa emocional[1]

Ficha técnica del *spot*

— Marca: Fundación Mapfre.
— Título: La recompensa emocional.

---

[1] Enlace para visionar el anuncio: https://www.youtube.com/watch?v=M09R_C-grrw&t=13s

— Duración: 1 minuto y 56 segundos.
— Año de emisión: 2023.

Contenido

Texto sobreimpresionado en el anuncio:

En Fundación Mapfre trabajamos a cambio de la recompensa más increíble del mundo. La recompensa emocional.
Programa de voluntariado corporativo.
Programa de integración laboral.
Programa de promoción de la salud.
Educación en movilidad segura.
En Fundación Mapfre estamos repartidos por todo el mundo recibiendo mucho más de lo que damos.
Fundación Mapfre. Construyendo un futuro más humano.

Voz en *off* del anuncio:

(Canción)

Que hacerlo por ti no es a cambio de nada

Todo lo que esperaba es verte feliz.
No hay apoyo más grande, si me apoyo en tus brazos.
Lo construido con lazos no se puede destruir.
Hay días que pienso que no sirve de nada.
Pero que fácil me olvido si te veo la cara.
Que... si me dieran a elegir, no daría ni un paso atrás.
Que lucho por lo que tú luches, si tú crees yo creo más.
Que no hay barrera tan grande que juntos no la podamos saltar.
Que nada ni nadie en el mundo me da lo que tú me das.
Tu sonrisa al verte es el mejor «buenos días».
Que jamás se te olvide tu forma de reír.
Que siempre recuerdes cuando te sientas solo.
Que nunca falta ese hombro para que puedas seguir.
Que... si me dieran a elegir, no daría ni un paso atrás.
Que lucho por lo que tú luches, si tú crees yo creo más.
Que no hay barrera tan grande que juntos no la podamos saltar.
Que nada ni nadie en el mundo me da lo que tú me das.

Fuente: https://www.youtube.com/watch?v=M09R_C-grrw

¿Qué Objetivos de Desarrollo Sostenible identificas en este anuncio?

Este anuncio es ejemplo de cómo en un *spot* de menos de dos minutos se pueden tratar muchas temáticas, todas ellas interrelacionadas y con una clara vocación social. El anuncio gira en torno a una idea principal, que es la alianza entre las personas para conseguir los objetivos (ODS 17). Tanto la imagen como el sonido refuerzan esta idea, que se resume muy bien en uno de los fragmentos de la canción, cuando se dice «que no hay barrera tan grande que juntos no la podamos saltar». De eso precisamente trata el ODS 17, de que unidos tenemos más fuerza para conseguir aquello que nos propongamos. Pero como decía, este no es el único ODS presente en este *spot*, ya que en él se transmite la idea de la reducción de las desigualdades (ODS 10), al aparecer una persona con discapacidad como ejemplo de integración laboral. Además, se habla de la promoción de la salud (ODS 3), con una relación amable y cercana entre médico y paciente, y de educación de calidad (ODS 4), al hablar de programas de educación en movilidad segura. ¿Identificas el ODS 2? Se observa al principio del anuncio, con un grupo de voluntarios que recolectan comida para algún banco de alimentos y ayudar así a personas que tienen dificultades económicas, y a las que el presupuesto no les da para comprar todos los alimentos que necesitan.

No hay que dejar pasar por alto otro ODS presente en este anuncio desde principio hasta el final, el referido a la igualdad de género (ODS 5), ya que hombres y mujeres aparecen realizando las mismas tareas, en armonía y con total naturalidad. Hombres y mujeres (niño y niña en una de las escena) son voluntarios, cuidadores y educadores.

Quizás tú hagas tu propia interpretación de este anuncio e incluso identifiques más Objetivos de Desarrollo Sostenible. Te animamos a que lo difundas entre los estudiantes y que incluso sean ellos mismos los que determinen los ODS que distinguen en este anuncio.

2.2. Axa. Victoria 2852

Ficha técnica del *spot*

— Marca: Axa.
— Título: Victoria 285. Ser mujer no debería ser un riesgo.
— Duración: 2 minutos y 55 segundos.
— Año de emisión: 2023.

Contenido

Texto sobreimpresionado:

Si seguimos cambiando nuestra sociedad al ritmo actual, una niña nacida en 2023 tendría que llegar a cumplir más de 285 años para vivir en un mundo sin ningún riesgo por ser mujer.
Hagamos lo posible para que esta sea la primera generación que lo disfrute.

Voz en *off* del anuncio:

Puede que penséis que debería sentirme afortunada por vivir en una época como esta, una en la que la sociedad ha avanzado tanto para nosotras, las mujeres.
Y es que es verdad que hace más de un siglo que en España logramos el acceso a la enseñanza universal, cuando antes era impensable ver a una mujer en la escuela.

---

² Enlace para visionar el anuncio (versión larga): https://www.youtube.com/watch?v=-gwsR17HxSG4
Enlace para visionar el anuncio (versión corta): https://www.youtube.com/watch?v=-HItyM7-sh2E

Descubrimos lo que es poder votar hace 90 años algo que sinceramente no hemos dejado de hacer ni tan solo una vez.

Tenemos derecho al trabajo por ley y con igualdad desde hace 62 años. Y desde hace solo 43 perdimos el miedo a ser despedidas por pedir una simple baja por maternidad.

Sí, la verdad es que hemos logrado muchas cosas y deberíamos sentirnos orgullosas. Pero no, esto no es suficiente.

Todavía nos queda mucho por cambiar y estamos yendo muy lentos. Por increíble que parezca, aún faltan siete años para erradicar el matrimonio infantil en todo el mundo.

Y todavía tendrán que pasar otros 40 años para lograr la representación igualitaria en los parlamentos a nivel global.

La brecha salarial no desaparecerá hasta dentro de 131 años. Y cuando ya no tenga energía para decir ni una sola palabra, aún habrá que esperar 140 años para lograr representar el 50 % de los cargos de liderazgo en el trabajo.

Mi nombre es Victoria y si quisiera vivir en un mundo en el qsue no exista ningún tipo de desigualdad de género, debería vivir más de 285 años.

FUENTE: https://www.youtube.com/watch?v=gwsR17HxSG4

¿Qué Objetivos de Desarrollo Sostenible identificas en este anuncio?

Este impactante anuncio tiene como tema central la igualdad de género (ODS 5) y lo aborda de una manera muy completa. Habla de todo lo que se ha conseguido en materia de igualdad de derechos entre mujeres y hombres, gracias a la alianza entre personas e instituciones (ODS 17), pero también de todos los derechos que faltan por alcanzar para que la igualdad entre hombres y mujeres sea real y efectiva. En este anuncio también se habla del trabajo y crecimiento económico (ODS 8), ya que se aborda el tema de la brecha salarial que todavía existe entre géneros y del acceso al mundo laboral por parte de las mujeres. También se habla de una educación que ha permitido a las mujeres tener un futuro profesional del que otras generaciones de mujeres no pudieron disfrutar (ODS 4).

¿Por qué pensáis que la campaña se llama Victoria 285? Pues porque esos son los años que Naciones Unidas ha establecido que se tardarán en conseguir algunos de los hitos necesarios para alcanzar la igualdad real entre hombres y mujeres, teniendo en cuenta la evolución en esta materia en las últimas décadas. De ahí que este anuncio inste de una forma clara a acelerar el ritmo de las medidas en pro de una real igualdad de género.

2.3. Ecovidrio. Reciclar da vida[3]

Ficha técnica del *spot*

— Marca: Ecovidrio.
— Título: Reciclar da vida.
— Duración: 1 minuto y 22 segundos.
— Año de emisión: 2020.

Contenido

Voz en *off* del anuncio:

¿Qué harías con infinitas vidas?
Recorrería hasta el último centímetro de cada paraíso.
Conquistaría mil corazones para encontrar el que robe mis latidos.
Saborearía cuando quisiera los manjares que me prohíbe el médico.
Le alegraría la vida a las personas que conozco y a las que no.
Probaría todas las profesiones y así sabría para qué he nacido.

---

[3] Enlace para visionar el anuncio: https://www.youtube.com/watch?v=as31TpotYow

Saldría a divertirme cada noche sin pensar en el despertador.

Aprendería el máximo de la gente interesante que vive entre nosotros.

Protegería nuestras queridas especies para salvarlas de los monstruos que existen.

Formaría una familia enorme con ganas de reunirse para celebrarlo todo.

Pero ¿sabes qué? Si tuviera infinitas vidas, primero cuidaría del medioambiente porque si no nuestro futuro será irreparable.

Todo puede cambiar si se recicla, incluso la publicidad.

Ecovidrio. Reciclar da vida. Infinitas vidas.

FUENTE: https://www.youtube.com/watch?v=as31TpotYow

¿Qué Objetivos de Desarrollo Sostenible identificas en este anuncio?

Este maravilloso anuncio aborda un tema crucial en los tiempos que corren: la necesidad de cuidar el medioambiente (ODS 13), nuestros ecosistemas terrestres (ODS 15) y marítimos (ODS 14) y eso solo se puede hacer unidos, en alianza (ODS 17), poniendo en marcha medidas que ayuden a cuidar de nuestro planeta. Este *spot* nos anima a participar de forma activa, reciclando nuestros residuos, ya que si reciclamos no solo damos varias vidas a los recursos y materiales, sino también dotamos de más vidas a la especie humana y a nuestro planeta. En definitiva, como bien se explica en este anuncio, si reciclamos podemos ayudar a que nuestro planeta albergue infinitas vidas.

2.4. Proyecto libera, de SEO/Birdlife en alianza con Ecoembes. Estés en el punto que estés, lo importante es estar[4]

Ficha técnica del *spot*

— Marca: Proyecto Libera, de SEO/Birdlife en alianza con Ecoembes.
— Título: Estés en el punto que estés, lo importante es estar.
— Duración: 20 segundos.
— Año de emisión: 2022.

FUENTE: https://www.youtube.com/watch?v=zSSeYqeff7E

---

[4] Enlace para visionar el anuncio: https://www.youtube.com/watch?v=zSSeYqeff7E

Contenido

Voz en *off* del anuncio:

El movimiento contra la basuraleza ha llegado a muchos puntos.
Al punto de reivindicar lo que nos da la vida, conservar la naturaleza.
Al punto de poder cambiar el mundo sin transformar los ecosistemas.
Y de proteger lo que dejamos a los nuestros, un país sin basuraleza.
1 metro cuadrado ha llegado a muchos puntos, pero hacen falta más.
Crea tu punto de recogida en proyectolibera.org.
Porque estés en el punto que estés, lo importante es estar.

¿Qué Objetivos de Desarrollo Sostenible identificas en este anuncio?

Este *spot* tiene como tema central el cuidado del medioambiente (ODS 13) y de los ecosistemas terrestres (ODS 15) y marítimos (ODS 14). Llama la atención que, al igual que en casos anteriores, se transmite la idea de que estos objetivos solo se pueden conseguir unidos (ODS 17). La alianza entre personas que quieren mejorar su mundo, poner su granito de arena parece ser una de las claves para conseguir los ODS y la publicidad lo sabe. Por ello, en este anuncio se muestra a un grupo de hombres y mujeres comprometidos de igual modo con una misma causa (ODS 5), que no es otra que el cuidado del planeta, recogiendo la basura que otros echan en nuestros espacios naturales. Sigamos su ejemplo y también pongamos nosotros nuestro granito de arena para cuidar el medioambiente.

2.5. Gobierno de España. Es mérito de todos[5]

Ficha técnica del *spot*

— Marca: Gobierno de España. Ministerio de Derechos Sociales y Agenda 2030.
— Título: Es mérito de todos.
— Duración: 1 minuto y 14 segundos.
— Año de emisión: 2021.

---

[5] Enlace para visionar el anuncio: https://www.youtube.com/watch?v=aY98Vqf4_4E

Contenido

Voz en *off* del anuncio:

¿Hora exacta de nacimiento?
La una y veinte.
¿Peso?
Tres doscientos.
¿Estatura?
Cincuenta centímetros.
¿Ingresos de la familia?
75.000 al año.
¿Algún factor hereditario relevante?
Cinco inmuebles.
Qué cosita más mona.
¿Hora de nacimiento?
Las dos y cuarto.
¿Peso?
Dos setecientos.
¿Estatura?
Cuarenta y ocho centímetros.
¿Ingresos de la familia?
12.000 al año.

FUENTE: https://www.youtube.com/watch?v=aY98Vqf4_4E

Otro que va a tener complicaciones.
La mayoría de los niños que nacen en familias pobres serán pobres de adultos
por mucho que se esfuercen.
Que su origen no determine su futuro.
Construyamos igualdad.
Es mérito de todos.

¿Qué Objetivos de Desarrollo Sostenible identificas en este anuncio?

El tema central de este anuncio es la desigualdad en la sociedad (ODS 10), ya que, como bien se explica, la situación económica de las familias es un factor importante de cara al futuro de los hijos. Una de las frases que resume muy bien esta idea es la que dice «que su origen no determine su futuro. Construyamos igualdad». Y esa igualdad es la que se persigue en uno de los ODS, de nuevo apelando a la alianza entre personas (ODS 17), porque es labor de todos acabar con esas desigualdades. Otro ODS que vemos reflejado en este anuncio es el relativo a la igualdad de género (ODS 5), ya que en este anuncio se ve a profesionales sanitarios de ambos sexos, realizando las mismas laborales, en una relación basada en el respeto y la comprensión mutua. ¿Estás de acuerdo con los ODS identificados? ¿Encuentras tú alguno más?

2.6. Greenpeace. Chimpún[6]

Ficha técnica del *spot*

— Marca: Greenpeace.
— Título: Chimpún.
— Duración: 2 minutos y 15 segundos.
— Año de emisión: 2023.

Contenido

Voz en *off* del anuncio:

Porque en estos primeros cuatro meses, ya hemos consumido todos los recursos naturales disponibles para todo el año y, además, este mes se celebran las

---

[6] Enlace para visionar el anuncio: https://www.youtube.com/watch?v=XETzhGJ4FyE&t=18s

elecciones municipales y autonómicas, la alineación perfecta de acontecimientos para que se desencadene el cambio total. Chimpún.

Una oportunidad única de acabar con las políticas nocivas que nos han llevado a esta crisis medioambiental, social y económica.

Un chimpún que suena a se acabó, que todo tiene un límite, a vamos a conseguir de una vez por todas frenar las desigualdades y el consumo ilimitado de recursos.

Hagamos chimpún con las políticas que fomentan sistemas de transporte asfixiantes.

Chimpún con las políticas que incentivan el uso del petróleo, del gas y el carbón.

Chimpún con las políticas que impulsan sistemas de producción y consumo, devastadores para nuestra salud, la del planeta y los derechos humanos.

Chimpún con las políticas nefastas que maltratan el agua y el territorio, contaminados y mal gestionados.

Chimpún a que unos pocos se forren a costa de los demás.

Chimpún a esa sensación de impotencia de que no se puede cambiar nada. Claro que se puede.

Vamos a conseguir que triunfen por fin las propuestas e ideas que miran por nuestro bienestar y el de las futuras generaciones, que apuestan por una vida más equilibrada, enriquecedora para todas las personas. Y sí, más feliz.

Fuente: https://www.youtube.com/watch?v=XETzhGJ4FyE

Estamos en un momento crucial. Hagamos que nuestras decisiones sirvan para provocar el cambio. Por más vale un chimpún ahora que un catapún después.

¿Qué Objetivos de Desarrollo Sostenible identificas en este anuncio?

Este anuncio gira en torno al cuidado del medioambiente (ODS 13, 14 y 15), alertando sobre la situación actual en materia medioambiental, así como de los peligros que esto supone para la supervivencia del planeta. Habla también de acabar con las desigualdades (ODS 10) y de lograr una economía más justa para todos (ODS 8) y todo desde la unión entre personas (ODS 17), con un plural constante, en el que se nos dice que hagamos, pero juntos, hombres y mujeres (ODS 5) compartiendo objetivos. Con un «hagamos que nuestras decisiones sirvan para provocar el cambio», este anuncio nos insta a la acción de una manera clara. ¿Estás de acuerdo con esta interpretación del *spot*? ¿Detectas algún otro ODS del que no hayamos hablado en este comentario?

2.7. Telefónica. La foto de todos[7]

Ficha técnica del *spot*

— Marca: Telefónica.
— Título: La foto de todos.
— Duración: 1 minuto.
— Año de emisión: 2023.

Contenido

Texto sobreimpresionado en el anuncio:

La mayor red de fibra.
83% de la población ya tiene 5G.
300.000 personas formadas para el empleo.
1.300 startups *aceleradas.*

---

[7] Enlace para visionar el anuncio: https://www.youtube.com/watch?v=OH0EneuDeeg

Usamos electricidad 100% renovable.
Telefónica. Cada día mejor conectados.

Voz en *off* del anuncio:

Hay algo que nos gusta mucho cuando hacemos una foto, que todo el mundo salga. Nos preocupamos de que no falte nadie. Da igual si a alguien le da apuro porque hacemos lo que sea para convencerle. Incluso no nos importa dar un paso atrás para que entre más gente. Sin embargo, en la foto de la sociedad actual, no salimos todos. Falta gente. Faltan personas que sigan aprendiendo... porque nunca es tarde. Más autónomos que puedan vivir de sus propias ideas. Más mujeres que rompan barreras. Más personas que trabajen en lo que les gusta y vivan donde quieran. Y más y más personas. Por eso, seguiremos acercando toda nuestra tecnología para ayudar a que nadie se quede fuera de la foto.
Cuanto más cerca estemos, más lejos llegaremos.
Telefónica.

FUENTE: https://www.youtube.com/watch?v=OH0EneuDeeg

¿Qué Objetivos de Desarrollo Sostenible identificas en este anuncio?

Este *spot* recoge varios ODS, de una forma muy completa. El anuncio habla de reducir las desigualdades (ODS 10), para que nadie sea apartado en la sociedad por ninguna causa, pero también habla de la igualdad de género y de la necesidad de continuar la lucha para romper barreras en este sentido (ODS 5). Las cuestiones laborales (ODS 8) y educativas (ODS 4) son otras de las ideas que se abordan en este anuncio, que pone el foco de igual modo en la innovación (ODS 9) y la alianza entre personas y empresas (ODS 17) como herramientas para alcanzar el resto de Objetivos de Desarrollo Sostenible abordados en el *spot*. ¿Estás de acuerdo con los ODS identificados en este anuncio?

2.8. Gobierno de España. Nuestras playas, nuestra mejor defensa[8]

Ficha técnica del *spot*

— Marca: Gobierno de España. Ministerio para la Transición Ecológica y el Reto Demográfico.
— Título: Nuestras playas, nuestra mejor defensa.
— Duración: 2 minutos y 22 segundos.
— Año de emisión: 2023.

Contenido

Voz en *off* del anuncio:

¿Sabéis que las playas nos defienden?
¿Y de qué nos defienden? ¿De los piratas?
No, nos protegen de la energía del oleaje.
¿Y cómo nos defienden?
Os explico. Las olas vienen y van y cuando se alejan se llevan un poquito de arena con ellas. Y con las grandes tormentas mucho más: arrastran la arena y se la llevan mar adentro.
Y entonces, ¿nos quedamos sin arena?
No, porque cuando el temporal se acaba, las olas devuelven la arena a la playa, pero ojo, solo si la playa está libre. Si la llenamos de edificios y paseos, las olas chocan contra ellos y arrastran la arena a tal profundidad que ya no se vuelve a recuperar. Y las playas se pierden.

---

[8] Enlace para visionar el anuncio: https://www.youtube.com/watch?v=_Ilogk6-7t8

Y ahora pensad, ¿qué pasaría si unas casas, oficinas o fábricas estuvieran construidas sobre la playa? Exacto, que correrían el riesgo de inundarse y el mar lo destrozaría todo. Por eso es tan importante mantener nuestras playas libres y protegerlas como ecosistema natural.

¿Y cuál es ese ecosistema?

Esta arena, esas dunas, esa vegetación... Todo eso ayuda al equilibrio natural de las costas y permiten que nuestras playas sigan cumpliendo con su función principal, que es ¡Defendernos!

Proteger nuestras costas es un reto ineludible para un país con más de 10.000 kilómetros de litoral. Por eso, desde el Ministerio para la Transición Ecológica y el Reto Demográfico llevamos a cabo planes que velan por nuestra seguridad, manteniendo el equilibrio de las costas y preservando su ecosistema natural. Porque protegiendo nuestras playas, permitimos que ellas nos protejan a nosotros. Nuestras playas, nuestra mejor defensa.

FUENTE: https://www.youtube.com/watch?v=_Ilogk6-7t8

¿Qué Objetivos de Desarrollo Sostenible identificas en este anuncio?

Este anuncio gira en torno al cuidado del medioambiente (ODS 13, 14 y 15) y lo hace de una forma muy original, mostrando cómo la naturaleza, si sabemos cuidarla, nos protege a nosotros, las personas. De este modo, una cuestión compleja es explicada de una forma muy comprensible, de modo que unos niños son capaces de entender la importancia de estas cuestiones. Observamos aquí también cómo la educación (ODS 4), que en esta ocasión imparte una madre a sus hijos, es fundamental para concienciar a las nuevas generaciones sobre la necesidad de cuidar y respetar nuestros ecosistemas terrestres y marítimos.

¿Detectas algún ODS más presente en este anuncio?

2.9. Save the Children. Los números que tocan[9]

Ficha técnica del *spot*

— Marca: Save the children.
— Título: Los números que tocan.
— Duración: 1 minuto 40 segundos.
— Año de emisión: 2023.

Contenido

Texto sobreimpresionado en el anuncio:

Hemos convocado a los niños y niñas del colegio de San Ildefonso para que canten unos números que tocan más de lo que creemos.

Voz en *off* del anuncio:

400.000 niños se alimentan mal en España. El presupuesto en casa no da para una dieta variada.
700.000 niños no pueden permitirse gafas. Ven mal la pizarra, la lección no queda clara y fracasan.
Y hoy te toca a ti, te toca demostrar, que este no es un país que vaya a tolerar que se juegue con su infancia.
Hay un millón de niños con el abrigo puesto en casa.
Números que avergüenzan y congelan el futuro de España.
España es tras Rumanía el país de la Unión Europea donde a más niños y niñas les toca malvivir.
Demostremos que este país no los va a dejar a su suerte.
Estamos a tiempo. Firma nuestra petición. Save the Children.

---

[9] Enlace para visionar el anuncio: https://www.youtube.com/watch?v=TInBjUTRLQo

FUENTE: https://www.youtube.com/watch?v=TInBjUTRLQo

¿Qué Objetivos de Desarrollo Sostenible identificas en este anuncio?

Este anuncio gira en torno a la pobreza infantil (ODS 1), la que muchos niños sufren en sus hogares, donde falta alimento (ODS 2), donde se pasa frío porque no hay calefacción (ODS 1). Pero este *spot* también habla de la desigualdad que provoca dicha pobreza (ODS 10), ya que la falta de recursos económicos de muchas familias avoca a sus hijos al fracaso escolar, por no poder por ejemplo comprar unas gafas con las que poder ver de forma clara las anotaciones de la profesora. No ver bien la pizarra puede arrebatarles su futuro y robarles la posibilidad de aprovechar la educación que reciben, una educación imprescindible para poder cambiar sus vidas (ODS 4). Estas metas solo se pueden conseguir unidos (ODS 17), con acciones conjuntas que permitan dar igualdad de oportunidades a todas las personas, al margen de sus condiciones económicas.

2.10. Save the Children. Las voces de la infancia que viven el conflicto[10]

Ficha técnica del *spot*

— Marca: Save the Children.
— Título: Las voces de la infancia que viven el conflicto.

---

[10] Enlace para visionar el anuncio: https://www.youtube.com/watch?v=odywlfP0FDE

— Duración: 1 minutos y 2 segundos.
— Año de emisión: 2023.

Contenido

Texto sobreimpresionado en el anuncio:

La vida de millones de niños y niñas está siendo devastada por la guerra.
Para estos niños y niñas, sobrevivir es solo el principio.
Necesitamos tu apoyo para hacer llegar a las familias la ayuda que necesitan:
comida, material de emergencia, material médico y ayudar a millones de niños y
niñas a recuperarse del trauma.
En cada guerra, la infancia es la más sufre.
Necesitan ayuda. Firma la petición.

Voz en *off* del anuncio (traducida al español):

El ruido de un misil. Todavía tengo fragmentos en la cabeza
He visto la guerra delante de mis ojos. He visto los bombardeos. He visto los
disparos.
Desde que nací, he estado huyendo de mi hogar a causa de los bombardeos y
viviendo en campamentos. Ojalá podamos volver a nuestros hogares, pero creo
que es imposible.

FUENTE: https://www.youtube.com/watch?v=odywlfP0FDE

¿Qué Objetivos de Desarrollo Sostenible identificas en este anuncio?

Este anuncio nos muestra a los niños de la guerra (ODS 16), niños que han vivido y viven conflictos armados que destruyen todo a su paso; niños que viven en la más absoluta pobreza, sin hogar, (ODS 1), donde su alimentación diaria (ODS 2) depende de personas que acuden en su ayuda, de voluntarios y organizaciones que trabajan unidas (ODS 17) por mejorar su situación y poder darles un futuro.

2.11. Iberdrola. Bienvenido 2023, el año de las energías renovables[11]

Ficha técnica del *spot*

— Marca: Iberdrola.
— Título: Bienvenido 2023, el año de las energías renovables.
— Duración: 1 minuto y 43 segundos.
— Año de emisión: 2023.

Contenido

Texto sobreimpresionado en el anuncio:

Adiós 2022, el año de la crisis energética global.
Las renovables, solución ante el doble reto urgente, energético y climático.
Adelantamos la transición hacia un modelo sostenible y autosuficiente.
Seguimos liderando: la energía verde: eólica marina, eólica terrestre, solar, hidrógeno, hidroeléctrica de bombeo.
Impulsamos las redes inteligentes para dar el mejor servicio a las personas: transporte 100 % limpio, autoconsumo solar, soluciones a medida.
Anticipamos la energía del futuro con récord de inversiones: crecimiento, empleo, proveedores, innovación y el mejor talento.
2023 será el año de las renovables con más energía limpia y grandes proyectos verdes, priorizando lo social, siempre centrados en las personas. Nuestra razón de ser.
2023. Feliz año nuevo.

---

[11] Enlace para visionar el anuncio: https://www.youtube.com/watch?v=IHUdlfnTQ2M

FUENTE: https://www.youtube.com/watch?app=desktop&v=IHUdlfnTQ2M

¿Qué Objetivos de Desarrollo Sostenible identificas en este anuncio?

Este anuncio gira en torno al fomento de las energías renovables (ODS 7), como fórmula para conseguir unos entornos más sostenibles (ODS 11) y desde la innovación tecnológica como herramienta de crecimiento (ODS 9). En este *spot* también se habla de igualdad de género (ODS 5), ya que vemos a hombres y mujeres realizando las mismas tareas, sin diferenciación alguna por sexos, y de trabajo y crecimiento económico (ODS 8).

BLOQUE II

Los ODS, NUEVOS VALORES PUBLICITARIOS

3
Valores y responsabilidad social corporativa en la publicidad. Las marcas hablan

La mejor manera de conocer qué papel juegan los valores en la publicidad actual es preguntando a las marcas que hacen la publicidad de hoy en día, marcas que hemos incluido en este libro por hacer campañas con temáticas relacionadas con los Objetivos de Desarrollo Sostenible, marcas que apuestan por el propósito social.

3.1. Conforauto *(Lidia Marín. Responsable de Marketing de Conforauto)*

1. ¿Cuál es el papel que juegan los valores actualmente en la creación de imagen de marca?

Los valores de la marca desempeñan un papel fundamental en la creación de la imagen de marca. La imagen de marca se trata de lo que la marca representa y cómo se relaciona con su público y el mundo en general.

Los valores ayudan a definir la identidad de la marca y su propósito. Los consumidores buscan marcas que compartan sus valores y creencias, por lo que es importante que las marcas comuniquen claramente quiénes son y qué representan.

Los consumidores son cada vez más conscientes y exigentes en cuanto a la autenticidad de las marcas. Las marcas que son transparentes sobre sus valores y prácticas comerciales tienden a ganarse la confianza de los consumidores. Los valores pueden crear una conexión emocional entre la marca y su audiencia.

En un mercado saturado, los valores pueden ser una forma efectiva de diferenciar una marca de sus competidores. Si una marca tiene valores únicos y auténticos, puede destacar y atraer a un público específico.

Las marcas que adoptan valores relacionados con la responsabilidad social y la sostenibilidad a menudo son mejor percibidas por los consumidores. Cada vez más, las empresas están siendo evaluadas por su impacto social y ambiental.

2. ¿Consideran que las marcas están actualmente concienciadas con lo que se denomina la Responsabilidad Social Corporativa y los Objetivos de Desarrollo Sostenible?

Sí, en general muchas marcas están cada vez más concienciadas con lo que se denomina Responsabilidad Social Corporativa (RSC) y los Objetivos de Desarrollo Sostenible (ODS). Estas iniciativas se han convertido en aspectos importantes de la estrategia empresarial para muchas empresas en todo el mundo.

Los consumidores están cada vez más interesados en apoyar a empresas que tienen un impacto positivo en la sociedad y el medioambiente.

En muchos países existen regulaciones y leyes que exigen a las empresas cumplir con ciertos estándares de responsabilidad social y ambiental. El incumplimiento puede dar lugar a sanciones legales y dañar la reputación de la marca.

Las empresas están reconociendo que la sostenibilidad a largo plazo es esencial para su propia supervivencia y éxito. Abordar problemas ambientales y sociales puede contribuir a un mundo más estable y seguro.

Los empleados también están desempeñando un papel importante en la promoción de la RSC y los ODS. Y valoran cada vez más la ética y la responsabilidad de sus empleadores y pueden elegir trabajar para empresas que compartan sus valores.

3. ¿Cómo piensan que va a evolucionar el campo de los valores y la defensa de causas sociales en el ámbito publicitario en el futuro?

El campo de los valores y la defensa de causas sociales en el ámbito publicitario es probable que continúe evolucionando en varias direcciones en el futuro.

Los consumidores están volviéndose más escépticos y exigentes cuando se trata de la autenticidad de las campañas de valores. Las marcas que buscan abrazar causas sociales deberán hacerlo de manera genuina y coherente con sus acciones y valores internos.

La participación activa en problemas sociales; algunas marcas pueden comprometerse más activamente en la solución de problemas sociales. Esto podría incluir la inversión en iniciativas de impacto social, la promoción de cambios políticos y la colaboración con organizaciones sin fines de lucro.

La colaboración entre marcas puede plasmarse en esfuerzos conjuntos para abordar problemas sociales. La colaboración puede aumentar el impacto y la visibilidad de las campañas y proyectos relacionados con causas sociales.

El uso de la tecnología y las redes sociales seguirán desempeñando un papel importante en la difusión de mensajes relacionados con causas sociales. Las campañas virales, el marketing de *influencers* y la movilización en línea pueden ser herramientas poderosas en este sentido.

Por otro lado, las marcas deberán ser conscientes de las diferencias culturales y adaptar sus mensajes y enfoques según la región. Lo que funciona en un país o comunidad puede no ser adecuado en otro.

3.2. Axa *(Josep Alfonso. Director de Comunicación, Marca y Sostenibilidad de AXA España)*

1. ¿Cuál es el papel que juegan los valores actualmente en la creación de imagen de marca?

Los valores dotan a las marcas de la base para construir una comunicación e imagen sólidas que permiten transmitir a los consumidores mensajes relevantes y coherentes. Los valores, al igual que la sociedad, se matizan con el correr de los tiempos, pero su esencia siempre es la misma. Así pues, el papel que juegan los valores en la creación de la imagen de marca es fundamental en la percepción de la coherencia e imagen de marca.

En AXA tenemos tres valores: humano, proactivo y resolutivo y siempre intentamos transmitirlos en nuestras comunicaciones, en el trato con el cliente y en todos los ámbitos de la empresa.

La última campaña de publicidad de marca de AXA tiene como titular «Ser mujer no debería ser un riesgo». Se trata de una campaña global que adaptamos y lanzamos al mercado local, de su título se pueden deducir valores y compromiso social. Esta es la campaña: https://youtu.be/Ju3sEZ1 mfeY?feature=shared

Pero en local queríamos ir más allá, amplificando el mensaje y los valores que transmite la campaña, y por ende la marca, por eso lanzamos una pieza desarrollada en España: Victoria 285.

En el caso de Victoria 285, desde una perspectiva humana y proactiva, ponemos de manifiesto la sobreexposición que tienen las mujeres a los riesgos: https://youtu.be/gwsR17HxSG4?feature=shared

Como compañía aseguradora no podemos vivir de espaldas a la realidad y sentimos la necesidad de contribuir, en la medida de nuestras posibilidades, a mitigar los riesgos de la sociedad, aportando la serenidad necesaria para mirar al futuro con plena confianza. En AXA sabemos que no tenemos todas las respuestas, pero ya estamos trabajando y poniendo nuestro granito de arena para ayudar a toda la sociedad a reducir los riesgos a los que se enfrenta.

2. ¿Consideran que las marcas están actualmente concienciadas con lo que se denomina la Responsabilidad Social Corporativa y los Objetivos de Desarrollo Sostenible?

Las marcas se han dado cuenta hace años de que no hay más opción que ser socialmente responsables porque solo así se construirá un mundo mejor en el que podamos vivir todos mejor y por más tiempo. Todos los sectores de actividad están concienciados sobre ello, y se ha convertido en un pilar estratégico para cualquier marca. Algunas marcas comunican más sobre ello, y otras menos, pero casi todas lo tienen en cuenta en términos de desarrollo de negocio.

A lo largo de estos años, AXA ha lanzado varias campañas publicitarias que ponían foco en la concienciación social, el último ejemplo es nuestra campaña de «Ser mujer no debería ser un riesgo» y su amplificación local «Victoria 285». Y no solo eso, tenemos acuerdos con grandes causas sociales como son la prevención y reducción de accidentes de tráfico con «Ponle Freno» y la salud y el desarrollo científico con «Constantes y Vitales».

3. ¿Cómo piensan que va a evolucionar el campo de los valores y la defensa de causas sociales en el ámbito publicitario en el futuro?

Las campañas de concienciación social en el ámbito publicitario han ido aumentando en número a lo largo de los años. No obstante, también encontramos marcas más preocupadas en temas sociales que otras.

Estos temas van a estar cada vez más presentes en las campañas publicitarias porque son relevantes para todas las personas. Las marcas no podemos hablar solo de nosotros mismos porque seríamos irrelevantes para gran parte de la audiencia, debemos hablar de qué aportamos al desarrollo de la sociedad, cada marca desde su propio ámbito de actuación.

En AXA, la Responsabilidad Social Corporativa forma parte de nuestro ADN, ya que creemos firmemente que debemos devolver a la sociedad todo lo que esta nos aporta. Nuestro propósito de marca es: trabajamos por el desarrollo de la sociedad, protegiendo lo que importa. Somos conscientes de que no tenemos todas las respuestas, pero queremos aportar nuestro granito de arena como expertos en riesgos para mitigarlos y conseguir una sociedad más segura, justa e integradora.

3.3. Ecovidrio *(Borja Martiarena. Director de Marketing de Ecovidrio)*

1. **¿Cuál es el papel que juegan los valores actualmente en la creación de imagen de marca?**

Los valores juegan siempre un papel crucial. Los consumidores se ligan a marcas no solo por los beneficios que les otorga su adquisición sino también por toda la personalidad que hay detrás de un logo. Y esta es una de las reflexiones que las marcas asumieron desde hace muchos años. No sirve de nada comunicar o hacer campañas de promoción si no gestionas bien tus intangibles y los valores dan sentido a estos intangibles. A día de hoy quien no trabaja sus intangibles y sus valores está perdiendo oportunidades de conectar con sus audiencias en la parte más emocional, por eso es indispensable trabajarlos.

2. **¿Consideran que las marcas están actualmente concienciadas con lo que se denomina la Responsabilidad Social Corporativa y los Objetivos de Desarrollo Sostenible?**

Sin lugar a dudas. Hay diversos estudios que ponen los atributos de RSC y sostenibilidad entre los principales argumentos para la adquisición de un producto o servicio. Eso solo significa una cosa: es necesario trabajar la Responsabilidad Social Corporativa para dotar de razones al discurso de marca y a los valores de la compañía. Hace años esto no era una preocupación para las empresas, pero los consumidores empezaron a poner el foco en donde quieren ver a las marcas trabajando para devolver esa confianza que ellos depositan previamente en ellas. Y así con el paso de los años lo que antes eran un puñado de acciones deslavazas hoy en día forman toda una política y estrategia de propósito corporativo.

3. ¿Cómo piensan que va a evolucionar el campo de los valores y la defensa de causas sociales en el ámbito publicitario en el futuro?

El propósito corporativo va a seguir evolucionando. Y parece que uno de los ámbitos que más se va a desarrollar en los últimos años es el de la sostenibilidad. Todas las marcas tienen una huella digital y una huella de carbono, todo lo que hacen tiene su efecto en nuestro entorno y no hay más que mirar alrededor para darnos cuenta de que el tren de la sostenibilidad ya ha arrancado y quien no lo siga se quedará atrás.

3.4. Decathlon *(Noelia Carmona. Brand & Media Manager de Decathlon España)*

1. ¿Cuál es el papel que juegan los valores actualmente en la creación de imagen de marca?

En un mundo masificado de impactos publicitarios y con un público cada vez más exigente, selectivo y consciente de su capacidad de elegir, el propósito de una marca se convierte en algo fundamental. Las marcas con propósito, que exponen abiertamente sus valores, conectarán mejor con las preocupaciones e intereses de sus usuarios y harán que cada vez más personas las elijan.

2. ¿Consideran que las marcas están actualmente concienciadas con lo que se denomina la Responsabilidad Social Corporativa y los Objetivos de Desarrollo Sostenible?

Las marcas son conscientes de que en la sociedad existe una preocupación creciente por los consumidores sobre aspectos que les afectan directamente como la salud o el cambio climático, especialmente en las generaciones más jóvenes. En este contexto los usuarios priorizarán marcas que se posicionen, influyan y sean motor de cambio en estos aspectos tan relevantes para ellos.

3. ¿Cómo piensan que va a evolucionar el campo de los valores y la defensa de causas sociales en el ámbito publicitario en el futuro?

Los usuarios exigen a las marcas cada vez más que tomen un papel relevante en la sociedad, por ello es fundamental construir marcas desde su propósito social. En este aspecto todavía queda mucho camino por recorrer y solo las grandes marcas con inversiones fuertes son capaces de responder a esta necesidad social generando un alto impacto. Según avance la medición y el impacto de la reputación en la imagen de marca, irá creciendo la partida de presupuesto de las marcas destinada a causas sociales.

3.5. Telefónica *(Rafael Fernández de Alarcón Azón. Director de Marketing Global de Telefónica)*

1. ¿Cuál es el papel que juegan los valores actualmente en la creación de imagen de marca?

En la actualidad, los valores de una marca desempeñan un papel fundamental en la creación de su imagen, ya que, si son valores reales, definen su comportamiento empresarial.

Telefónica trabaja desde hace años con tres valores: estamos abiertos a la colaboración y a las diferencias que aporta la diversidad, somos retadores (lo que quiere decir que innovamos con el objetivo de cambiar las cosas a mejor) y aspiramos a ser confiables en todo lo que hacemos (conscientes de que la confianza es la base de todas las relaciones humanas).

Para Telefónica, nuestro propósito central es «hacer nuestro mundo más humano conectando la vida de las personas». Este propósito no solo guía nuestras acciones y decisiones como empresa, sino que también es un pilar fundamental en la construcción de la imagen de nuestras marcas: Telefónica, Movistar, O2, Vivo...

2.   ¿Consideran que las marcas están actualmente concienciadas con lo que se denomina la Responsabilidad Social Corporativa y los Objetivos de Desarrollo Sostenible?

Sí, muchas marcas, incluida Telefónica, están cada vez más comprometidas con la Responsabilidad Social Corporativa (RSC) y los Objetivos de Desarrollo Sostenible (ODS). La sostenibilidad y la RSC se han convertido en elementos clave de la estrategia empresarial, y las marcas están tomando medidas concretas para abordar cuestiones sociales y medioambientales, alineándose con los ODS de las Naciones Unidas. Esto no solo refleja un compromiso con la sociedad y el planeta, sino que también responde a las expectativas de los consumidores, conscientes de la importancia de la sostenibilidad.

Antes de trabajar en el área de marketing, tuve la suerte de hacerlo en el área de responsabilidad corporativa de Telefónica de 2002 a 2007. Me enorgullece comentar que inspiramos nuestra actividad en los «balances sociales» que Telefónica publicó en los años 80. Me gusta destacar este dato, porque demuestra que Telefónica es una compañía que ha estado siempre comprometida con la RSC, y no es una consecuencia de la mayor relevancia y visibilidad que tiene actualmente el concepto.

Estamos en un contexto donde la sostenibilidad ya no es tema de un solo área de la compañía, hoy es un indicador de valor clave, que miden todos los *stakeholders*. En Telefónica el plan de negocio responsable tiene incluida la sostenibilidad y está asociado a tres pilares: aportar a la construcción de un futuro más verde, ayudar a la sociedad a prosperar y liderar con el ejemplo.

3.   ¿Cómo piensan que va a evolucionar el campo de los valores y la defensa de causas sociales en el ámbito publicitario en el futuro?

El campo de los valores y la defensa de causas sociales en el ámbito publicitario probablemente evolucionará hacia una mayor autenticidad y transparencia. Las marcas, como Telefónica, están tomando un enfoque más proactivo al tratar de dar visibilidad al impacto positivo de su negocio en la sociedad y en el medioambiente.

La campaña «Todos en la foto» de Telefónica es un ejemplo de esto, ya que buscó promover la inclusión digital y la igualdad de oportunidades en el acceso a la tecnología. Esta campaña no solo fue una expresión de nuestros valores fundamentales, sino que también buscó representar el impacto de la compañía en el progreso de la sociedad.

En el futuro, es probable que las marcas continúen asumiendo un papel más activo en la promoción de valores y causas sociales que resuenen con sus audiencias. Sin embargo, la coherencia entre los valores de la marca y sus acciones seguirá siendo esencial, ya que los consumidores son cada vez más críticos y exigen autenticidad y compromisos concretos en lugar de meras palabras.

3.6. Ministerio para la Transición Ecológica y el Reto Demográfico *(Nicolás López Torres. Responsable de Campañas de Publicidad Institucional del Ministerio para la Transición Ecológica y el Reto Demográfico)*

1. ¿Cuál es el papel que juegan los valores actualmente en la creación de imagen de marca?

Los valores desempeñan un papel fundamental en la construcción de la imagen de una marca en la actualidad. Más allá de la calidad, asequibilidad o fiabilidad de un producto, la percepción de una marca está intrínsecamente ligada a los valores que representa. Estos valores no solo son atribuidos a la marca en sí, que influirán en la elección del consumidor ante la competencia para apoyar la marca a través de la transacción, sino que se vinculan al propio consumidor: los valores se atribuyen a la identidad del consumidor, quien elegirá qué consumir para así conformar sus valores ante el resto de la sociedad.

Es relevante destacar que este fenómeno ha evolucionado con el tiempo. Anteriormente, solo las grandes compañías o instituciones tenían la capacidad de atribuir valores a sus marcas debido a su acceso privilegiado a la publicidad y al diseño. Sin embargo, con la democratización de la publicidad a través de las redes sociales, cualquier marca o institución puede establecer una estrategia comunicativa que aporte valores distintivos a su imagen.

2. ¿Consideran que las marcas están actualmente concienciadas con lo que se denomina la Responsabilidad Social Corporativa y los Objetivos de Desarrollo Sostenible?

En la actualidad, la conciencia sobre la Responsabilidad Social Corporativa (RSC) y los Objetivos de Desarrollo Sostenible (ODS) ha alcanzado una relevancia significativa en el mundo empresarial. A pesar de ciertos desafíos, como el auge de movimientos de extrema derecha que cuestionan estos principios, los derechos humanos y el progreso inspirados por los ODS siguen estructurando la hegemonía política y cultural en la mayor parte de las sociedades.

Las marcas, en su búsqueda de influencia masiva, se han visto obligadas a alinearse con los ODS. Sin embargo, fenómenos como el *greenwashing* continúan siendo un problema a resolver. En la última Conferencia de las Partes (COP), celebrada en Egipto, se lanzó una dura reprobación a este fenómeno y se planteó la necesidad de un control más estricto para abordar este problema, junto con otras prácticas como el *pinkwashing* y demás blanqueos a conductas contrarias a los ODS.

3. ¿Cómo piensan que va a evolucionar el campo de los valores y la defensa de causas sociales en el ámbito publicitario en el futuro?

Las amenazas de retroceso a los indudables avances sociales, que se reflejan en acuerdos globales como la Agenda 2030, son intrínsecamente necesarios a la existencia de estos mismos avances. Son la reacción inevitable de cualquier proceso histórico de progreso. Por lo tanto, considero que en cuanto los consensos vayan avanzando, el campo de los valores de las causas sociales y medioambientales en el mundo de la publicidad será cada vez más necesario.

Además, la sociedad de la información ha desempeñado un papel crucial en esta evolución al permitir una mayor transparencia en los procesos industriales y en las relaciones laborales de las empresas. En consecuencia, la autenticidad de estos valores será esencial, vinculándolos no solo a estrategias de comunicación, sino también a prácticas empresariales concretas. La evolución futura del campo exigirá una integración más profunda de los valores en los procesos comerciales, garantizando coherencia y compromiso genuino con las causas respaldadas.

3.7. Greenpeace *(Cristina Castro. Coordinadora del Área de Marca y Alianzas de Greenpeace)*

1. ¿Cuál es el papel que juegan los valores actualmente en la creación de imagen de marca?

Al ser una organización fundada en valores, para Greenpeace lo son todo. Sus valores son su identidad de marca. Y el trabajo de alineamiento entre los valores y lo que hace es continuo. La coherencia es fundamental para que te perciban como una organización creíble con una misión legítima que es apoyada cada vez por más personas.

2. ¿Consideran que las marcas están actualmente concienciadas con lo que se denomina la Responsabilidad Social Corporativa y los Objetivos de Desarrollo Sostenible?

Como organización que tiene entre sus valores la independencia para denunciar y señalar, estamos trabajando en lo que supone de lavado de imagen para una marca todo lo que tiene que ver con los ODS. Existe el *odswashing*, el *socialwashing* o el *purplewashing*. En el comportamiento empresarial y la RSC, vemos que, junto con los avances, que los hay, se evidencia la apertura de un abismo entre las palabras y los hechos. Los 17 ODS se han convertido en el argumentario favorito para la construcción de un relato positivo a favor de la empresa. Y en este marco de pensamiento, de cara a la empresa pero sobre todo al exterior, los ODS es el territorio donde poner a prueba las habilidades y la creatividad de los equipos de marketing y comunicación. Una oportunidad también para sacar el traje de gala de la voluntariedad y el buenismo corporativo, para pasearse por los foros y reuniones empresariales con automedallas, adhesiones y reconocimientos varios. ¿Hay indicadores de seguimiento?, ¿una línea de base?, ¿se miden los avances? Muy frecuentemente no. Se trata de generar una retórica grandilocuente apenas sustentada en datos y avances sobre acciones concretas.

3. ¿Cómo piensan que va a evolucionar el campo de los valores y la defensa de causas sociales en el ámbito publicitario en el futuro?

No lo sabemos, confiamos en que haya cada vez más profesionales en el mundo de la publicidad que quieran poner su talento al servicio de la difusión de problemas urgentes, yendo a las raíces y causas que los originan. Ya estamos conociendo a colectivos de creativos que quieren empujar hacia unos valores que no maquillen, sino que hablen claro de problemas sistémicos que están en el fondo de muchas de las situaciones que vivimos.

3.8. Bankinter *(Bankinter)*

1. ¿Cuál es el papel que juegan los valores actualmente en la creación de imagen de marca?

Actualmente los valores juegan un papel crucial en la construcción de la imagen de marca de las empresas. Los consumidores se preocupan cada vez más por los valores éticos, sociales y ambientales de las marcas. Por ello, es muy importante incorporar valores sólidos, como la igualdad o el respeto al medioambiente, que ayudan a establecer conexiones más fuertes con la audiencia. La coherencia entre los valores declarados y las acciones reales de la marca es esencial para construir una imagen auténtica y ganar la confianza del consumidor.

En el *spot* publicitario de nuestra última campaña, «Una historia de progreso», mostramos, a través de los billetes, cómo ha evolucionado la sociedad española desde 1492 hasta la actualidad, destacando el papel de Bankinter como una entidad comprometida con el empleo, la igualdad de género y el medioambiente, lo que contribuye al progreso de nuestros clientes y de la sociedad en general y así lo dice la letra del *spot:* «Que después de todo, el progreso es eso: que el que venga atrás tenga un poco más, en lugar de menos».

2. ¿Consideran que las marcas están actualmente concienciadas con lo que se denomina la Sostenibilidad y los Objetivos de Desarrollo Sostenible?

Muchas marcas son cada vez más conscientes de la importancia de la Sostenibilidad y están alineando sus estrategias con los Objetivos de Desarrollo Sostenible de las Naciones Unidas. La Sostenibilidad no solo es vista como una práctica ética, sino también como una estrategia de negocio que puede generar beneficios a largo plazo porque procura equilibrar los objetivos económicos, sociales y ambientales de la empresa. Las marcas que adoptan prácticas sostenibles y socialmente responsables pueden mejorar su reputación, atraer a consumidores conscientes y contribuir al bienestar social y ambiental.

3. ¿Cómo piensan que va a evolucionar el campo de los valores y la defensa de causas sociales en el ámbito publicitario en el futuro?

En el futuro se espera que la importancia de los valores y la defensa de causas sociales en la publicidad continúe aumentando. La transparencia y la autenticidad seguirán siendo clave, y las marcas que adopten un enfoque genuino hacia la sostenibilidad y las causas importantes para su audiencia construirán relaciones más sólidas. Además, la tecnología puede desempeñar un papel importante al permitir la participación de los consumidores en la promoción de causas a través de plataformas digitales y redes sociales. Se prevé que las marcas que aborden problemas sociales y ambientales de manera proactiva y demuestren un compromiso real generarán un impacto positivo tanto en sus comunidades como en su imagen de marca.

3.9. Proyecto Libera de SEO/Birdlife en alianza con Ecoembes
(Sara Güemes. Coordinadora del Proyecto LIBERA en Ecoembes)

1. ¿Cuál es el papel que juegan los valores actualmente en la creación de imagen de marca?

Los valores son imprescindibles para identificar la marca con su misión y objetivos, señalan hacia dónde vas y cómo pretendes llegar allí. Por ello, en LIBERA nuestros valores son desde el comienzo el respeto por la naturaleza, el compromiso con su conservación mediante la lucha contra la basuraleza y la sostenibilidad de todas nuestras acciones (viajes, herramientas, materiales y proyectos), así como la responsabilidad sobre cada uno de nuestros actos y la honestidad y transparencia sobre lo que hacemos.

2. ¿Consideran que las marcas están actualmente concienciadas con lo que se denomina la Responsabilidad Social Corporativa y los Objetivos de Desarrollo Sostenible?

Sí, claro. Afortunadamente la gran mayoría de empresas ya están involucradas en procesos de adaptación y conversión de su actividad al cumplimiento de los Objetivos de Desarrollo Sostenible, para contribuir al objetivo global de erradicar la pobreza, proteger el planeta y asegurar la prosperidad para todos, y por ello debemos motivar a las que quedan por unirse de que se trata de una labor de todos, pues, o todas las empresas se involucran en esto, o será muy complicado revertir la situación actual.

3.   ¿Cómo piensan que va a evolucionar el campo de los valores y la defensa de causas sociales en el ámbito publicitario en el futuro?

Creemos que la publicidad deberá tender cada vez más hacia una publicidad más honesta y clara, una publicidad que trate a su público como adultos y se esfuerce en propiciar un mercado responsable y sostenible.

4
El futuro: ODS 18. Por una comunicación ética y responsable

En los últimos meses son varias las voces que piden la creación de un nuevo ODS, el que sería el número 18 y que estaría dedicado a la comunicación. Con este objetivo, la Global Alliance for Public Relations and Communication Management, la Asociación de Directivos de Comunicación (Dircom), Prodigioso Volcán y la Fundación Gabo han comenzado a trabajar de forma conjunta en el diseño de este nuevo ODS, que ya cuenta con una página web propia[1] y con una invitación a apoyar la petición para cualquier ciudadano y/o empresa.

En esta página web se indica que el ODS 18 permitiría alcanzar los restantes 17 ODS, ya que posibilitará darlos a conocer y hacer llamadas a la acción.

Bajo el lema «Por una comunicación clara, ética y responsable», y como bien se explica en la página web que antes mencionábamos, la propuesta para el ODS 18 incluye una serie de metas, que serían los siguientes:

— Convertir en claros, sencillos y asequibles los mensajes que emiten las instituciones y las empresas. Lenguaje claro, visual y páginas digitales fáciles de utilizar.
— Aumentar la capacidad de conexión, especialmente en zonas despobladas y rurales.
— Incrementar las habilidades digitales de la población y poner a disposición alternativas analógicas si es necesario.

---

[1] Enlace de la página web creada con motivo del diseño y propuesta del ODS 18: https://www.ods18comunicacion.com/#CUENTAME

Otras metas fijadas para este futuro ODS de cara a 2030 serían:

— Promover el respeto entre las personas, la escucha activa, la empatía y la tolerancia.
— Incorporar el derecho a entender a las personas mayores y demás públicos vulnerables.
— Desarrollar un código de buenas prácticas sobre algoritmos éticos y privacidad.

Esta iniciativa parte de una serie de ideas, que bien explica Dircom en su página web[2] y que listamos de forma textual a continuación:

— Diálogo abierto sobre los desafíos globales, como el cambio climático, la reducción de la pobreza y la democracia.
— Consideración del diálogo como el arma más poderosa.
— Libertad de opinión y prensa.
— Enfoque ético de la comunicación organizacional e institucional basada en hechos.
— Lucha contra las *fake news* y cualquier tipo de propaganda.
— Educar a las personas para que utilicen los poderes de comunicación, especialmente a través de redes sociales.
— Apoyo público y privado al periodismo riguroso.
— Apoyar en profundidad la diversidad y la igualdad de género.
— Empatía a quienes sufren hambre, pobreza, falta de oportunidades, guerra, migraciones forzadas y discriminación.
— Lenguaje positivo e inclusivo.

Con el objetivo de saber más acerca de este futuro nuevo ODS, hemos tenido la oportunidad de hablar con José Manuel Velasco, Immediate Past Chair de la Global Alliance for Public Relations and Communication Management y con Cecilia Carballo, Directora del Área de Sostenibilidad de Prodigioso Volcán.

---

[2] https://www.dircom.org/2023/02/02/dircom-se-suma-a-la-propuesta-de-crear-el-ods-18-por-una-comunicacion-responsable/

4.1. Entrevista a José Manuel Velasco, Immediate Past Chair de la Global Alliance for Public Relations and Communication Management

1. ¿Por qué un ODS dedicado a la comunicación?

La Global Alliance for Public Relations and Communication Management es la federación mundial de asociaciones de comunicadores y entidades académicas. Su misión es crear estándares que permitan hacer crecer a la profesión a partir de un fuerte compromiso ético con la verdad y con las organizaciones y sociedades a las que servimos. En ejercicio de esta misión, nos dimos cuenta de que es muy difícil alcanzar los 17 Objetivos de Desarrollo Sostenible (ODS) de Naciones Unidas sin un gran esfuerzo de comunicación. Este esfuerzo es especialmente necesario cuando la credibilidad de las instituciones está en franco deterioro, las referencias éticas se han debilitado y la polarización avanza.

En el propio preámbulo de nuestra llamada abierta hacemos referencia a este escenario muy retador y complejo y recordamos que el término «comunicación» proviene de las palabras indoeuropeas «ko» y «mein», que significan «crear comunidad».

¿Y cómo se crea comunidad a través de un ejercicio responsable de la comunicación? De la siguiente forma:

Con un diálogo abierto sobre desafíos globales, como el cambio climático, la reducción de la pobreza y la democracia, considerando el diálogo como el arma más poderosa defendiendo la libertad de opinión y prensa, con un enfoque ético de la comunicación organizacional e institucional, basado en hechos, luchando contra las *fake news* y cualquier tipo de propaganda, educando a las personas para que utilicen sus «poderes de comunicación», especialmente a través de las redes sociales, con apoyo público y privado al periodismo riguroso, apoyando la diversidad en el nivel profundo y la igualdad de género, mostrando empatía hacia quienes sufren hambre, pobreza, falta de oportunidades, guerras, migraciones forzadas y discriminación y utilizando un lenguaje claro, positivo e inclusivo.

2. ¿En qué parte del proceso de implantación de este nuevo ODS nos encontramos?

Una vez recabado el apoyo de más de 100 organizaciones nacionales e internacionales, a finales de septiembre el presidente de la Global Alliance,

Justin Green, firmó la carta oficial dirigida al Secretario General de Naciones Unidas, António Guterres, ofreciendo nuestra cooperación para incluir la «comunicación responsable» entre los Objetivos de Desarrollo Sostenible. Al mismo tiempo estamos recolectando documentación, códigos, buenas prácticas y casos de empresa en el ámbito de la comunicación responsable. Confiamos en abrir un diálogo directo con Naciones Unidas para, cuando menos, ofrecerles la cooperación de la gran red que representa la Global Alliance para potenciar los ODS y la Agenda 2030.

3. ¿Qué acciones concretas implicaría su puesta en marcha?

En nuestra iniciativa hay dos líneas de acción: una primera, institucional, orientada a cooperar con Naciones Unidas. Y una segunda destinada a promover el concepto de «comunicación responsable» en el mundo empresarial y organizativo. La Global Alliance se compromete a ofrecer buenas referencias que faciliten el desarrollo de acciones con el fin de comunicar eficazmente sin perder de vista la responsabilidad social y el interés público que conlleva el ejercicio de nuestra función.

4. ¿Cuáles son los mayores peligros de una mala comunicación?

Desgraciadamente estamos viendo esos peligros con demasiada frecuencia. Un entorno de descrédito favorece la creación y propagación de *fake news,* facilita la manipulación de las audiencias y deteriora la credibilidad del sistema político y de convivencia, especialmente la democracia, uno de cuyos soportes es la libertad de expresión.

5. ¿Y los beneficios de una comunicación ética y responsable?

La comunicación ética y responsable crea comunidad, es decir, favorece y facilita la convivencia. La comunicación responsable acepta y promueve la diversidad en el sentido profundo, es decir, todas las opiniones son aceptadas independientemente de la raza, el género, la religión, la cultura y la orientación sexual... todas las que encajen en un marco de convivencia regulado por los derechos humanos y, siempre que la justicia sea independiente, el imperio de la ley.

La comunicación responsable es fundamental para crear un clima de diálogo que nos permita consensuar soluciones a los grandes desafíos sociales. Es el plasma por el que circulan las conversaciones necesarias para desarrollar políticas cuya motivación es preservar el bien común.

6. ¿De qué manera afecta la comunicación al resto de ODS?

Como decimos en nuestra llamada abierta, creemos que la comunicación es la función que facilita el cumplimiento de los 17 Objetivos de Desarrollo Sostenible. La Agenda 2030 es, por encima de todo, una referencia para dialogar sobre los principales desafíos que afronta la humanidad, como el cambio climático, el hambre, las migraciones y las guerras. No olvidemos que la democracia es un sistema político que está amenazado por el avance de las autocracias (casi un eufemismo de las dictaduras) y que, implícitamente, conlleva una promesa de bienestar. Los ODS son imprescindibles para crear bienestar de una forma sostenible y generalizada.

4.2. Entrevista a Cecilia Carballo, Directora del Área de Sostenibilidad de Prodigioso Volcán

1. ¿Por qué un ODS dedicado a la comunicación?

Actualmente, se están logrando avances en muchos lugares, pero, en general, las medidas encaminadas a lograr los objetivos todavía no se están desarrollando a la velocidad ni en la escala necesarias. El contexto actual es muy diferente al de 2015. Han surgido retos globales que exigen más gobernanza y más entendimiento.

La década de acción exige acelerar las soluciones sostenibles dirigidas a los principales desafíos del mundo; desde la pobreza y la igualdad de género, hasta el cambio climático, la desigualdad, la salud global, la digitalización o el cierre de la brecha financiera.

Nos quedan ocho años para cumplir con los objetivos, pero, para eso, es necesario cerrar la brecha que existe entre la intención y la acción. Son necesarias acciones a nivel mundial para garantizar un mayor liderazgo, más recursos y soluciones más inteligentes con respecto a los Objetivos de Desarrollo Sostenible; acciones a nivel local que incluyan las transiciones necesarias en las políticas, los presupuestos, las instituciones y los marcos reguladores de los gobiernos, las ciudades y las autoridades locales; y acciones por parte de las personas, incluidas la juventud, la sociedad civil, los medios de comunicación, el sector privado, los sindicatos, los círculos académicos y otras partes interesadas, para generar un movimiento imparable que impulse las transformaciones necesarias.

Todo esto no será posible sin que se genere una comunicación clara que llegue a la ciudadanía de forma que, por un lado, pueda entender qué es lo que está en juego y cuáles son las consecuencias de las decisiones y acciones que los actores toman en relación a la agenda de los ODS.

Pero, por otro lado, se requiere que todos esos actores y el resto (clásicos y nuevos) de los que conforman el ecosistema de la comunicación (medios de masas, plataformas, redes sociales, buscadores, incluso ciudadanos que son comunicadores) se comprometan con ejercer su labor de forma no solamente clara sino también ética.

Una parte de los retrasos y las resistencias a los avances necesarios deriva de la desinformación y los bulos a los que están sometidas las personas, máxime cuando se dan, en una gran parte, en el nuevo mundo digital para el que, al estar en transición, la población no está preparada. Es más, se están produciendo brechas de analfabetismo digital y, por ello, una creciente vulnerabilidad en la población. Así emerge el ODS 18: por una comunicación clara, ética y responsable que asegure el derecho a entender de la ciudadanía y con especial atención al mundo digital.

2. ¿En qué parte del proceso de implantación de este nuevo ODS nos encontramos?

De momento es un objetivo aspiracional. Somos conscientes de la dificultad de incorporarnos a la Agenda, a estas alturas un nuevo objetivo. Ahora bien, más allá de su reconocimiento, el derecho a entender va calando, así como el reconocimiento de que es necesaria una comunicación clara, ética y responsable.

La «comunicación clara» significa transmitir de forma fácil, directa, transparente, simple y eficaz información relevante para la ciudadanía por cualquiera de los diferentes canales actuales (papel, teléfonos móviles, ordenadores y otros dispositivos) y adaptada a sus particularidades.

El propósito principal de la «comunicación clara» es garantizar el derecho a entender de las personas, de forma que estas comprendan, se sientan seguras y estén en el centro de la actividad pública y en una posición relevante en sus tratos con Administración, instituciones y empresas.

3. ¿Qué acciones concretas implicaría su puesta en marcha?

Las acciones son diversas, comprenden esfuerzos en el progreso de digitalización para que esta incorpore las necesidades de los colectivos más vulnerables hasta el trabajo contra las noticias falsas y los bulos.

Los esfuerzos a 2025 se concentran en:

— Incrementar las habilidades digitales de la población y poner a disposición alternativas analógicas si es necesario.
— Aumentar la capacidad de conexión especialmente en las zonas despobladas y rurales.
— Convertir en claros, sencillos y asequibles los mensajes que emiten las instituciones y las empresas. Lenguaje claro, visual y páginas digitales fáciles de utilizar.

Los esfuerzos a 2030 se concentran en:

— Promover el respeto entre las personas, la escucha activa, la empatía y la tolerancia.
— Incorporar el derecho a entender de las personas mayores y demás públicos vulnerables. Ante una pantalla, vulnerables somos casi todos.
— Desarrollar un código de buenas prácticas sobre algoritmos éticos y privacidad.
— Establecer indicadores de confianza para la lucha contra las *fake news*.
— Hacer seguimiento de las encuestas sobre el estado de conocimiento e información clara sobre la Agenda 2030.
— Con los avances de las inteligencias artificiales la autoría de los textos ha de estar clara en cualquier medio o plataforma.

4. ¿Cuáles son los mayores peligros de una mala comunicación?

Cuando la claridad falla y no entendemos algo, caemos en alguno o varios de estos sentimientos. Al hacer un trámite digital con alguna Administración, al recibir una factura de una compañía que tenemos contratada o al firmar un contrato de un servicio importante para nuestro hogar acabamos por sentirnos vulnerables. Uno de los derechos capitales de la ciudadanía en el siglo XXI es el derecho a entender. La falta de información y los problemas de comprensión generan nuevas desigualdades.

5. ¿Y los beneficios de una comunicación ética y responsable?

Cuando entendemos algo con facilidad, confiamos en ello. Con la «comunicación clara» podemos empoderar a las personas y lograr que, al mismo tiempo, aumente tanto la confianza en ellos mismos como en las Administraciones y empresas. Además, cuando algo sale bien a la primera siempre ahorramos tiempo y dinero. En Prodigioso Volcán queremos incrementar la eficacia de los organismos públicos y empresas privadas promoviendo una comunicación que las personas puedan entender sin dificultad. Con ello, las personas ganan una seguridad que es capital y las empresas y Administraciones la confianza que necesitan.

6. ¿De qué manera afecta la comunicación al resto de ODS?

Este ODS podría, además, dar un impulso y acelerar la consecución de las metas del resto de los objetivos. Este ODS estaría en línea con uno de los instrumentos clave utilizados en el diseño de políticas públicas al mismo nivel que los incentivos o elementos normativos.

Proveer de información clara a la ciudadanía es un objetivo en el que se basan todos los demás (es sistémico) y con el que están íntimamente vinculados para generar un cambio común en la acción racional de los actores involucrados para la consecución de los ODS. En tanto el ODS 17 promueve una digitalización responsable y sostenible, trata de incrementar los conocimientos de la ciudadanía y reducir la brecha digital que provoca su ausencia.

Como conclusión final…

A lo largo de estas páginas hemos conocido con más detalle los Objetivos de Desarrollo Sostenible y hemos abordado algunas ideas que resulta interesante resumir a modo de conclusiones:

1. Los Objetivos de Desarrollo Sostenible son un llamamiento a la acción, para todos: instituciones públicas y privadas, empresas y ciudadanos. Unidos, en alianza, debemos trabajar en pro de estas metas comunes.
2. La relación entre valores y publicidad es una tendencia creciente y actual, siendo cada vez mayor el número de marcas que trabajan en pro de un propósito social y en torno a él articulan sus estrategias publicitarias y de comunicación. De ahí que la publicidad sea el gran escaparate que los ODS necesitan para difundir sus mensajes e instar a la acción.
3. En este contexto, la implantación del ODS 18, dedicado a una comunicación ética y responsable, se hace necesaria, sobre todo si tenemos en cuenta el importante valor que esta tiene para los ciudadanos y las sociedades en general.

Si quieres saber más sobre los Objetivos de Desarrollo Sostenible...

Si quieres saber más sobre los Objetivos de Desarrollo Sostenible, puedes visitar la página que Naciones Unidas ha elaborado para tal fin:

https://www.un.org/sustainabledevelopment/es/objetivos-de-desarrollo-sostenible/

Aquí puedes encontrar información sobre la situación actual en relación con la temática concreta de cada ODS y las metas propuestas.

También te proponemos visitar la página web del Ministerio de Derechos Sociales y Agenda 2030, donde podrás conocer toda la labor que se realiza desde el Gobierno de España.

Si eres docente, te animamos a que consultes estos recursos y empieces a integrarlos en tu día a día educativo.

ANEXO 1
Listado de campañas que se citan en este libro

A continuación, procedemos a listar las marcas y campañas que se citan en este libro.

A

1. Asisa. El susto.
2. Adeslas. Cuando tu mundo se tambalea.
3. Acción contra el Hambre. El hambre que lo cambia todo.
4. Amazon. Micro abierto.
5. Axa. Victoria 285.
6. Aigua de Ribes. Sed de Pirineo.
7. Adecco. Reencontrémonos con el trabajo.
8. Acciona. Nueva energía para un planeta mejor.
9. Acciona. Expertos en diseñar un mundo mejor.

B

10. Bankinter. Una historia de progreso.
11. Bankinter. Volverán esos momentos.
12. Bankinter. El banco que ve tu dinero como tú lo ves.
13. Bezoya. Vivir muy fuerte.
14. BBVA. Hoy comienza todo.

C

15. Cruz Roja. Nadie daba un duro.
16. Cola Cao. Educando contra el *bullying*.

17. Conforauto. Es tiempo de hablar de nuestro tiempo.
18. Correos. Vive donde quieras.

D

19. Dirección General de Tráfico (DGT). El alcohol te miente.
20. Decathlon. Todo es imposible hasta que deja de serlo.

E

21. Educo. El bocadillo mágico.
22. EDP Energía. Unidos por un mundo maravilloso.
23. Ecovidrio. Reciclar da vida.

F

24. Fad Juventud. Seamos más hombres.
25. Flex. Los tiempos piden Flex.
26. Fundación la Caixa. El mundo del mañana depende de la educación de hoy.
27. Fundación la Caixa. La soledad no se ve, se siente.
28. Fundación Mapfre. La recompensa emocional

G

29. Greenpeace. Chimpún.
30. Greenpeace. Los océanos te necesitan.

I

31. Iberdrola. Bienvenido 2023, el año de las energías renovables.

K

32. Kia. Innovación inspirada en la naturaleza.

L

33. Lancôme. ¿Somos felices?
34. L'Oréal. Contra el acoso callejero.

M

35. Manos Unidas. Hambre.
36. Ministerio de Igualdad. La masculinidad del mañana.
37. Ministerio de Igualdad. Sí es racismo.
38. Ministerio de Igualdad. España es orgullosamente diferente.
39. Ministerio de Derechos Sociales y Agenda 2030. Es mérito de todos.
40. Ministerio de Derechos Sociales y Agenda 2030. Basta de distopías. Volvamos a imaginar un futuro mejor.
41. Ministerio para la Transición Ecológica y el Reto Demográfico. Nuestras playas, nuestra mejor defensa.
42. Multiópticas. La asignatura pendiente.
43. Mutua Madrileña. Activa tu poder para evitar el acoso escolar.

N

44. Nestlé. Nuestro origen nos hace únicos.
45. Naciones Unidas. No soy yo, eres tú.
46. Naciones Unidas. Rompe con el plástico. Mares limpios.
47. Naciones Unidas. Energía sostenible para todos.

P

48. Proyecto Libera de SEO/Birdlife en alianza con Ecoembes. Estés en el punto que estés, lo importante es estar.

R

49. Repsol. Esto es conectar energías.

S

50. Sanitas. Cuida tu mente.
51. Save the Children. Los números que tocan.
52. Save the Children. Las voces de la infancia que viven el conflicto.
53. Samsung. Crea el futuro.

T

54. Telefónica. La foto de todos.
55. Telefónica. Cien años conectando la vida de las personas.

U

56. Unicef. Una lucha por la educación como nunca habías visto.
57. Unicef. Por mí y por todos mis compañeros.
58. Unicef. Quitémonos la venda contra la violencia sexual hacia niñas, niños y adolescentes.

V

59. Vinted. Si no lo usas, véndelo.

W

60. Wallapop. Por un consumo sostenible.

ANEXO 2

Listado de metodologías y herramientas utilizadas en las propuestas de actividades para realizar en el aula

Aunque en cada ODS hemos detallado las propuestas de actividades a realizar en el aula, creemos que puede ser de utilidad un listado que recoja las principales acciones y metodologías propuestas:

1. Visionado de anuncios y debate en clase.
2. Creación de *spots* publicitarios.
3. Creación de pódcast.
4. Realización de test y actividades de preguntas y respuestas.
5. Diseño de ciclos de conferencias impartidas por profesionales.
6. Diseño de ciclos de charlas impartidas por los propios estudiantes.
7. Diseño de ciclos temáticos (deporte, etc.).
8. Realización de carteles informativos.
9. Creación de redes de colaboración entre el centro docente y ONG, organizaciones e instituciones públicas.
10. Creación de grupos de apoyo y asesoramiento en el centro docente.
11. Organización de concursos (carteles, preguntas y respuestas, etc.).
12. Organización de exposiciones con los trabajos realizados por los estudiantes.

ANEXO 3
RESPUESTAS A LOS CUESTIONARIOS

ODS 1. Fin de la pobreza y ODS 2. Hambre cero

1. La opción correcta es la C.
2. La opción correcta es la B.
3. En el año 2020, el 47 % de la población mundial no estaba cubierto por ninguna protección social (según datos de la ONU).
4. En 2022, cerca de un 9,2 % de la población del mundo sufre hambre crónica, lo que se traduce en 735 millones de personas (según datos de la ONU).
5. La opción correcta es la C.
6. La opción correcta es la B.

ODS 3. Salud y bienestar

1. La opción correcta es la C.
2. La opción correcta es la B.
3. La opción correcta es la B.
4. La opción correcta es la C.
5. La opción correcta es la A.
6. La opción correcta es la C.

ODS 4. Educación de calidad

1. La opción correcta es la C.
2. La opción correcta es la A.
3. La opción correcta es la A.

4. La opción correcta es la A.
5. La opción correcta es la C.
6. La opción correcta es la C.

ODS 5. Igualdad de género

1. La opción correcta es la C.
2. La opción correcta es la C.
3. La opción correcta es la B.
4. La opción correcta es la B.
5. La opción correcta es la A.
6. La opción correcta es la B.

ODS 6. Agua limpia y saneamiento

1. La opción correcta es la A. A nivel mundial, son todavía miles de millones de personas las que no tienen acceso a un agua potable segura ni a agua destinada a higiene. En el año 2020, 2.400 millones de personas tenían dificultades para disponer de agua (según datos de la ONU).
2. La opción correcta es la C.
3. La opción correcta es la C.
4. La opción correcta es la A.
5. La opción correcta es la A.
6. La opción correcta es la A.

ODS 7. Energía asequible y no contaminante

1. La opción correcta es la C.
2. La opción correcta es la C.
3. La opción correcta es la A.
4. La opción correcta es la A.
5. La opción correcta es la C.
6. La opción correcta es la C.

ODS 8. Trabajo decente y crecimiento económico

1. La opción correcta es la A.
2. La opción correcta es la C.

3. La opción correcta es la A.
4. La opción correcta es la A.
5. La opción correcta es la A.

ODS 9. Industria, innovación e infraestructura

1. La opción correcta es la C.
2. La opción correcta es la B.
3. La opción correcta es la C.
4. La opción correcta es la A.

ODS 10. Reducción de desigualdades

1. La opción correcta es la C.
2. La opción correcta es la C.
3. La opción correcta es la B.
4. La opción correcta es la A.
5. La opción correcta es la C.

ODS 11. Ciudades y comunidades sostenibles

1. La opción correcta es la C.
2. La opción correcta es la C.
3. La opción correcta es la C.
4. La opción correcta es la C.
5. La opción correcta es la A.

ODS 12. Producción y consumo responsables

1. La opción correcta es la C.
2. La respuesta correcta es la A.
3. La opción correcta es la C.
4. La opción correcta es la A.
5. La opción correcta es la C.

ODS 13. Acción por el clima, ODS 14. Vida submarina y ODS 15. Vida de los ecosistemas terrestres

1. La opción correcta es la C.
2. La opción correcta es la C.

3. La opción correcta es la B.
4. La opción correcta es la A.
5. La opción correcta es la C.

ODS 16. Paz, justicia e instituciones sólidas y ODS 17. Alianzas para lograr los objetivos

1. La opción correcta es la C.
2. La opción correcta es la C.
3. La opción correcta es la C.
4. La opción correcta es la C.
5. La opción correcta es la C.
6. La opción correcta es la A.

Títulos publicados

Si lo desea, en nuestra página web puede consultar el catálogo completo o descargarlo:

www.edicionespiramide.es